Gudrun Schwibbe · Michael Schwibbe
Maria Hauff · Rüdiger Herzog
Hans Starosta · Andreas Stephainski

ZEIT REISE

durchs Eichsfeld

1075 Jahre Duderstad

Eichsfelder Tageblatt

Die Zeit läuft ...

... in Duderstadt urkundlich seit 1.075 Jahren!
Ein reiches Erbe haben wir aus den vergangenen Generationen übernommen. Dieses wollen wir in unserem Zeitabschnitt - jetzt wieder mitten in Deutschland, mitten in Europa - unter schwierigsten wirtschaftlichen Rahmenbedingungen so erhalten und gestalten, daß auch unsere Kinder und Kindeskinder eine in jeder Hinsicht lebenswerte Zukunft in Duderstadt und im Eichsfeld haben.
Drehen Sie mit uns die Uhr zurück bis zur Ersterwähnung im Jahre 929 und erleben Sie die Entwicklungen bis in die heutige Zeit aus verschiedensten Blickwinkeln. Lassen Sie sich begeistern von einer ideenreich gestalteten Chronik der besonderen Art.

Stadt Duderstadt
Wolfgang Nolte
Bürgermeister

Ortsrat der Ortschaft Duderstadt
Theodor Oeben
Ortsbürgermeister

Hügelland und Schicksals-Grenze

Das Eichsfeld ist eine sanft geschwungene Hügellandschaft mit einigen weithin sichtbaren hohen Bergen und vielen fruchtbaren Tälern und Flußauen. Besiedelt wurde das Gebiet in der Jungsteinzeit (4500 bis 1800 v. Chr.). Die frühen Bewohner, vermutlich Kelten, legten Hügelgräber und Fluchtburgen an, auf deren Fundamenten noch heute vorhandene Burgen und Kirchen stehen.
Die Besiedelung besonders der Flußtäler erfolgte während der Eisenzeit, in deren letzter Epoche die Germanen in die Region einwanderten und die keltische Bevölkerung wahrscheinlich verdrängten. Entlang von Hahle und Rhume, von Leine und Unstrut kreuzten sich Handelswege in Ost-West- und Nord-Süd-Richtung. Ackerbau und Viehzucht bildeten die Lebensgrundlage der Bewohner. Die hier siedelnden Stämme - die Thüringer, die Sachsen und die Franken - hatten die Region unter sich aufgeteilt. Von Osten her versuchten die slawischen Wenden immer wieder, in das Gebiet des heutigen Eichsfelds einzudringen. Das Territorium gehörte bis 531 zum Königreich Thüringen. In der Schlacht bei Burgscheidungen an der Unstrut besiegten die merowingischen Franken mit den verbündeten Sachsen die Thüringer und teilten das Land unter sich auf.
Immer wieder erhoben sich die Thüringer gegen die fränkische Herrschaft. Es kam 555 zur Umsiedlung eines Teils der Thüringer an den Oberrhein und zur Ansiedlung von Friesen und Nordschwaben im Gebiet zwischen Unstrut, Bode und Saale. Das Eichsfeld wurde zum Schmelztiegel vieler Völkerstämme. Die Grenze zwischen Sachsen und Franken verlief ungefähr dort, wo die heutige Landesgrenze zwischen Niedersachsen und Thüringen verläuft. Diese Grenze prägt bis heute das Schicksal des Eichsfelds.
Am Beginn der Religionsgeschichte des Eichsfelds steht der angelsächsische Mönch Bonifatius, der sich 721 nach Thüringen aufmachte, um die dortigen Bewohner zum christlichen Glauben zu bekehren. Gestärkt wurde er bei seinem Vorhaben durch die 722 in Rom empfangene Bischofsweihe und einen Schutzbrief des fränkischen Hausmeiers Karl Martell.
Bonifatius Wirken als Religionsstifter in der Region war höchst erfolgreich: Im Verlauf der Missionierung wurden ehemalige heidnische Kultstätten zu Orten der Verehrung christlicher Heiliger umgewidmet. So soll Bonifatius (kleines Bild unten) der Legende nach auf dem Hülfensberg (Foto Hintergrund) die erste Kirche des Eichsfelds errichtet haben: „Also ist er auch über die Werra in das Eichsfeld gerathen / den auff einem hohen Berg berühmten Abgott Stufo / daher der Orth Stuffensberg genandt / zu vertilgen. Es hat aber der Heilige Mann an die Stelle eine Capell zur Ehre unseres Heilands oder Salvatoris auffgericht/."

Ludwig der Deutsche setzte 852 den sächsischen Grafen Liudolf (links) zur Sicherung der Gegend um Leine und Weser gegen die slawischen Wenden ein. Die herzögliche Würde wurde als erblich erklärt und begründete damit das Geschlecht der Liudolfinger und Ottonen.

Mission „Eichsfeld“: Bonifatius legt Grundstein

Als Standort für die weitere Missionsarbeit in Thüringen und im Eichsfeld gründete Bonifatius 742 das Bistum Erfurt. 744 ließ er seinen Schüler Sturmius in Fulda ein Benediktinerkloster errichten, um die Missionierung und Festigung des Glaubens in Hessen voranzutreiben. Als Bonifatius 747 von Papst Zacharias zum Erzbischof zu Mainz erhoben wurde, war eine Verbindung von Unstrut und Saale zum Main etabliert. Bonifatius legte damit den Grundstein für die Zugehörigkeit des Eichsfelds zum Bistum Fulda und später zu Mainz. Die Zeit bis zum Jahr 900 ist durch die deutliche Ausweitung der Besiedelung des Eichsfelds gekennzeichnet: Kaiser Karl der Große förderte diese Politik, indem er dazu aufrief, durch Rodungen weiteres Land zu gewinnen. Noch heute weisen Dörfer und Städte mit den Endungen „...rode“ auf diese Form der Landnahme hin. Zu jener Zeit gehörten Land und Leute dem König, der die Verfügungsgewalt - oft verbunden mit der regionalen Gerichtsbarkeit - an örtliche Grundherren weitergab. Diese benannten sich meist nach demjenigen ihrer Dörfer, in dem sie befestigte Häuser oder kleine Burgsitze unterhielten. Aus den Grundherren entstand im Lauf der Zeit der Adel, dem die Bauern tributpflichtig

Arnulf von Kärnten, hier mit seinem Sohn Ludwig IV., „das Kind“, wurde 896 letzter deutscher Kaiser aus karolingischem Hause.

waren und die ihrerseits einen bestimmten Anteil an ihren Landesherren weitergaben. Bis ins 10. Jahrhundert gehörte das Gebiet zum Einflußbereich sächsischer Herzöge bzw. deutscher Könige, die es durch Gaugrafen verwalten ließen. Die erste urkundliche Erwähnung des Eichsfelds datiert auf den 28. Januar des Jahres 897, als Kaiser Arnulf von Kärnten einen Gütertausch zwischen dem Abt Huki von Fulda und dem fränkischen Grafen Konrad bestätigte. Dabei sollten auch Besitzungen „in pago Eichesfelden“ (im Eichesfelden-Gau) an Fulda übergehen. Wahrscheinlich konnte das Kloster Fulda mit dieser Erwerbung bereits vorhandene Streubesitze in der Region räumlich zusammenfassen. Denn im Grenzbereich und Spannungsfeld zwischen sächsischen, thüringischen und hessischen Interessen betrieben die Mainzer Erzbischöfe eine gezielte Erwerbspolitik. Neben Erfurt wurde besonders Heiligenstadt - urkundlich erstmals im Jahr 973 genannt - zum bedeutenden Stützpunkt Mainzer Kirchen- und Territorialpolitik im mitteldeutschen Raum. Zur Verwaltung der Region und des umfangreichen Streubesitzes ließ der Mainzer Erzbischof Adalbert I. von Saarbrücken Anfang des 12. Jahrhunderts auf dem Rusteberg eine feste Burg errichten, die bis ins 16. Jahrhundert als zentraler Verwaltungssitz für das Eichsfeld fungierte. Durch den Kauf der Besitzungen um die Burgen Birkenstein, Scharfenstein und Gleichenstein im Jahr 1294 gelang Erzbischof Gerhard II. von Eppstein bereits eine bedeutende Ausweitung des Besitzes, bevor Anfang des 14. Jahrhunderts auch die angrenzende Goldene Mark an Mainz überging. Von da an wurde der gesamte zusammenhängende Besitz des Mainzer Erzstiftes in Mitteldeutschland als „Eichsfeld“ bezeichnet.

Ackerbau und Viehzucht bildeten die Lebensgrundlage der Menschen im frühen Mittelalter.

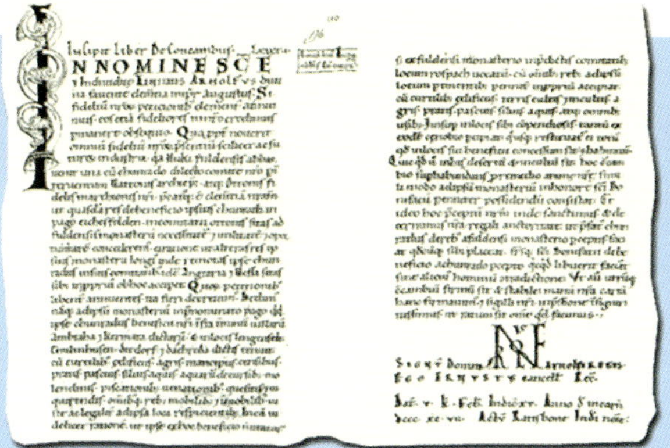

Der Name „Eichsfeld“ ist der Name einer Landschaft. Im Jahr 897 taucht erstmals in einer Urkunde die Bezeichnung „in pago Eichesfelden“ auf (oben, linke Seite), 950 findet sich die Bezeichnung „in pago Aikesfelt“ und 1022 heißt es „in pago vero Eichesuelt“. Weitere Schreibweisen sind später feststellbar, zum Beispiel 1303 „Eichsfeldia“ oder 1436 „Eyßfelde“. Die Herkunft des Wortes bedarf noch einer endgültigen Klärung: Allgemein bevorzugt wird die Ableitung von einem „Eichenfeld“, zumal die Eiche in der Flurnamensgebung der Region häufig vorkommt. Weniger durchgesetzt hat sich die Ableitung des Namens vom Besitz eines Herren namens „Aiko“ oder „Eiko“ oder von einer Ortschaft bzw. einem Fluß namens „Eicisa“ im Unstrutbereich. Immer wieder neu belebt werden Deutungsversuche von „Eysfeld“ oder „Eyßfeld“ als Hinweis auf ein Gebiet mit rauhem, eisigen Klima.

Moderne Stadt mit Tradition, Kultur und Ambiente

1.075 Jahre Duderstadt im Eichsfeld - eine stolze Stadt mit großer Tradition und Kultur und eine zugleich moderne Stadt. In diesem besonderen Ambiente fühlt man sich überall wohl, überall zu Hause - wie im gesamten Eichsfeld. Duderstadt, die Stadt des Fachwerks mit dem ältesten und schönsten Rathaus Deutschlands, die Stadt der Natur, die Stadt der Blumen, ist eine einzige Schönheit. Die abwechslungsreiche, liebliche und offene Kulturlandschaft des Untereichsfeldes mit den herrlichen Bergdörfern, den Gewässern wie dem Seeburger See oder der Rhumequelle machen die Stadt noch attraktiver und lebenswerter. Tradition und Fortschritt kennzeichnen das moderne Duderstadt. Durch die intensive Pflege der handwerklichen und kulturellen Traditionen sowie die Entwicklung und Nutzung moderner Technologien ist die Stadt für die Zukunft gut gerüstet. Das Gütesiegel Duderstadt 2004 könnte salopp formuliert lauten: Blasenwurst und High Tech - ähnlich wie Lederhosen und High Tech als Markenzeichen für Bayern. Ganz besonders haben mich die Menschen in Duderstadt und im gesamten Eichsfeld „eingenommen“. Sie sind bodenständig, zupackend, tüchtig, zuverlässig, kreativ und erfolgreich in ihrem Handeln. Deshalb fühle ich mich mit den Eichsfeldern - auch als Privatperson mit einem großen Freundeskreis - eng verbunden. Duderstadt lebt von seiner starken Geschichte. Und Geschichte heißt immer auch Zukunft. Die heutigen Verantwortlichen in Politik, Verwaltung, Wirtschaft und Gesellschaft werden alles für eine gedeihliche Entwicklung Ihrer Stadt geben. Ich wünsche den Menschen in Duderstadt eine gute Zukunft.

Reinhard Schermann,
Landrat Landkreis Göttingen

Landschaft, Geschichte, Sprache prägen einzigartige Region

Das Amt des Landrates hält mich auf sehr unterschiedliche Weise in einem ständigen Austausch mit Land und Leuten. Mal sind es sehr ernste Themen, in deren Bewältigung mich Menschen im Landratsamt aufsuchen, ein andermal Dienstgeschäfte in den Städten und Dörfern, denen immer wieder sehr persönliche Begegnungen in besonderen Lebensmomenten folgen - sei es anläßlich von Gemeinde- und Vereinsjubiläen, von bedeutenden Familienfeiern, hohen Geburtstagen oder der Begleitung lieber Menschen auf ihrem letzten Weg zum Grabe. Dieses erleben zu dürfen, empfinde ich als ein großes Geschenk, welches mich zwangsläufig nach den zu erlebenden Verschiedenheiten wie den alles übergreifenden Gemeinsamkeiten der Eichsfelder in ihrem kulturlandschaftlich gewachsenen Lebensraum fragen läßt. Ein jeder scheint Teil seiner ganz eigenen Umgebung zu sein und verkörpert auf individuelle Weise die erfahrenen Prägungen aus Landschaft, Geschichte und Kultur. Spürbar sind diese im unterschiedlichen Klang der Sprache, den Abweichungen in den mundartlichen Lautverschiebungen entlang der das Eichsfeld durchziehenden Sprachengrenze zwischen dem ober- und niederdeutschen Sprachraum, im Blick auf die geschichtlichen Spuren der beiden christlichen Konfessionen, den mentalen Unterschieden der sich abwechselnden Landschaft im Gemüt der Menschen, welche die Täler, die Höhen oder auch die Ebenen unmerklich ihren Bewohnern mitgegeben haben, bis hin zu den verwurzelten mehrheitlichen Berufserfahrungen, seien es jene der Bauern, der Händler oder auch der Arbeiter. All diese Spuren sind überaus lebendig da und haben auf ganz eigene Weise eine Buntheit im Volksleben hervorgebracht, wie dieses schöner nicht sein könnte. Über eine solche Vielfalt hinweg verbindet das einigende Wissen, eben so, wie man ist, Teil des auch den anderen umschließenden gemeinsamen Eichsfeldes zu sein. Dieses So-Sein läßt die Eichsfelder in der als Insel empfundenen Heimat selbstbewußt und natürlich bleiben und festen Schrittes nach dem eigenen Weg im Leben suchen, ohne dabei den Rücken gegenüber dem wechselnden Zeitgeist über Gebühr zu bücken.

Dr. Werner Henning,
Landrat Landkreis Eichsfeld

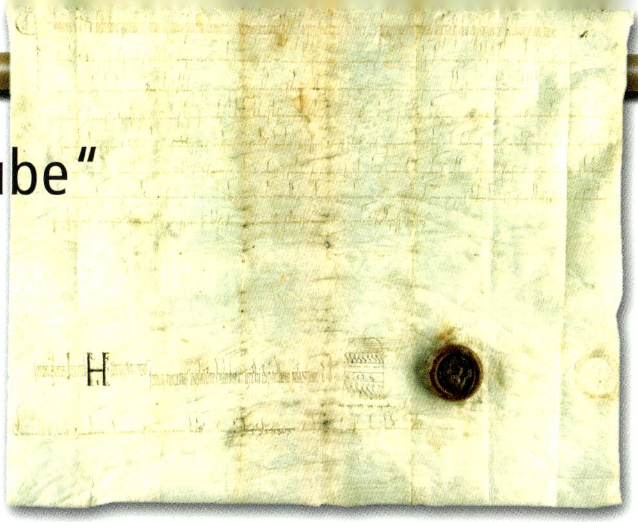

Duderstadt „unter der Haube“

Mathilde mit ihren Söhnen Otto dem Großen und Bruno, Erzbischof von Köln.

Als Heinrich I., König des ost-fränkischen Reichs und Sachsenherzog, seine Ehefrau Mathilde heiratete, wollte er die Königin, seine „dulcisima coniux“ (liebste Gattin), finanziell absichern. Er schenkte ihr die Besitztümer Pöhlde, Grone, Quedlinburg, Nordhausen und Duderstadt. In der Schenkungsurkunde (oben rechts) vom 16. September 929 wird die spätere Stadt erstmals unter dem Namen „tutersteti“ erwähnt. Dabei ist von einer „Curtis“ die Rede, also von einem königlichen Hof, der wahrscheinlich im Bereich der heutigen Unterkirche lag, wo sich später auch der Herzogshof befand. Die oft auch als Pfalz bezeichnete Anlage sicherte den sächsischen Besitz militärisch gegen Ansprüche thüringischer und fränkischer Grundherren sowie gegen Einfälle aus dem wendischen und slawischen Umfeld.
Nach dem Tod Heinrichs im Jahr 936 ging der Besitz an Mathilde über und fiel nach deren Tod im Jahr 968 an ihren Sohn, den späteren Kaiser Otto I. Als dessen Sohn Otto II., König und Kaiser, das Gebiet um und mit Duderstadt 973 erbte, erhielt er schon einen bedeutenden Marktflecken.
974 schenkte Otto II. seiner Schwester Mathilde Duderstadt mit allen umliegenden Besitzungen.

Mathilde war 966 schon im Alter von 11 Jahren zur Äbtissin des Kanonissinnenstiftes St. Servatius in Quedlinburg geweiht worden. Sie entwickelte sich als Reichsverweserin (domina imperialis) zu einer der bedeutendsten Frauen in der deutschen Geschichte.
Duderstadt als ein Ort mit städtischem Charakter und die Goldene Mark standen „unter der Haube“, Sinnbild einer geistlichen Frau als Landesherrin.
1236 gab die Äbtissin Gertrud die Mark Duderstadt dem Landgrafen Heinrich Raspe von Thüringen und Hessen und dessen Neffen Hermann zu Lehen. Als Raspe im Jahr 1247 starb, fiel das Lehen an die Äbtissin zurück. Sie gab es im gleichen Jahr an den Welfenherzog Otto von Braunschweig-Lüneburg, genannt „das Kind“, weiter.
262 Jahre lang, von 974 bis 1236, hatten die Quedlinburger Äbtissinnen in der Goldenen Mark das Sagen. Nun war Duderstadt in die Hand der Welfen gelangt, die von da an über sechs Jahrhunderte lang auf ihren Ansprüchen über Region und Stadt beharren sollten, obwohl sie beides nur als Lehen erhalten hatten.

Woher stammt der Name „Duderstadt“?

Eine mögliche Erklärung bringt Graf Dudo von Lauterberg als Namensgeber ins Spiel. Eine andere leitet den Namen von der heute nicht mehr benutzten Bezeichnung eines Flusses „Dudara“ her. Die Vermutung, der Name stehe in Verbindung mit dem altniederdeutschen Verb „duderian“ (= zittern) und dem davon abgeleiteten Begriff „Dude“ (= Schilf), könnte auf eine wasserreiche, eventuell sumpfige Ortslage verweisen. Scherzhaft wird allerdings behauptet, die Erbauer des Ortes hätten sich nicht über den Namen einigen können und sich so lange wechselseitig aufgefordert: „Gib Du der Stadt den Namen“, bis es bei der Bezeichnung „Duderstadt“ geblieben sei.

Unten links: Servatiusstift in Quedlinburg. Unmittelbare Spuren der quedlinburgischen Zeit sind in Duderstadt nicht mehr zu sehen - mit einer Ausnahme: Die heutige Servatiuskirche verdankt ihren Namen einer Vorgängerkirche, und diese wiederum dem Servatiusstift in Quedlinburg. Unten: So könnte der königliche Hof, der 929 erwähnt wurde, ausgesehen haben. Rechts: Heinrich I. und Ehefrau Mathilde.

Die St. Martinskirche wurde zwischen 1304 und 1487 gebaut. Unten: Das Tympanonrelief am Nordportal entstand um 1340 und ist eine der ältesten Darstellungen des Heiligen Martin in Deutschland.

St. Martin in Heiligenstadt

Kurz nach der Ersterwähnung Duderstadts wurde 973 ein Ort namens Heiligenstadt zum ersten Mal in einer Urkunde genannt, die Kaiser Otto II. während eines Aufenthalts für das Bistum Freising ausstellte. Archäologische Untersuchungen belegen, daß hier bereits in der Zeit der Merowinger und der Carolinger eine Königspfalz stand, zu der auch die St. Martinskirche gehörte. Diese wurde im 9. Jahrhundert von dem Fuldaer Abt Rabanus Maurus zum kirchlichen Zentrum erweitert und spielte für die Missionierung in der Region eine große Rolle. Wahrscheinlich gingen zwischen 990 und 1023 der Königshof, St. Martin, und das Dorf „Heiligenstat“ an das Erzbistum Mainz über. In die Zeit des 11./12. Jahrhunderts fällt die Entstehung eines Marktfleckens mit Marienkirche und Rathaus.
Schon vor der Verleihung des Stadtrechtes und des Siegels durch Erzbischof Siegfried II. von Eppstein im Jahr 1227 hatte Heiligenstadt das Recht, eigene Münzen zu prägen. Der Bischof ließ die Stadt mit Wall und Mauer befestigen und machte sie zu einem zentralen Ausgangspunkt für seine expansive Kirchen- und Territorialpolitik. Wahrscheinlich um 1280, im Jahr 1309 urkundlich erwähnt, lenkte ein Stadtrat mit zwölf Mitgliedern die Geschicke Heiligenstadts. Im Jahr 1294 würdigte Erzbischof Gerhard II. die Bedeutung der Stadt durch eine Reihe von Privilegien.
Im Umfeld der Stadt wurden elf Warten angelegt, und 1315 schützte nachweislich eine Bürgerwehr den Ort. Im 14. Jahrhundert wurden die Pfarrkirchen erbaut, darunter auch die heutige St. Martinskirche. Die Gildenmeister und Ratsmitglieder der Stadt stellten 1335 eine eigene Stadtverfassung in deutscher Sprache auf, die „Willkür“, die unter anderem das Kriminalrecht und die Bestimmungen zur Wehrhaftigkeit einschloß.
Heiligenstadt hatte sich also zu einem blühenden und gut organisierten Gemeinwesen entwickelt, das sich in den kriegerischen Auseinandersetzungen des späten Mittelalters wohl zu wehren wußte. So auch im Jahr 1404, als sieben Fürsten und sechs Grafen mit ihren Mannen die Stadt belagerten. Der Angriff stellte eine Racheaktion dar, ausgelöst durch die Ermordung des Herzogs Friedrich I. von Braunschweig-Lüneburg am 5. Juni 1400 bei Fritzlar, und konnte dank der Verteidigung der Heiligenstädter abgewehrt werden.
Aufgestachelt vom Führer der Bauernkriege Thomas Müntzer, der 1525 in Heiligenstadt eine Predigt hielt, erhoben sich die Bewohner der Stadt, plünderten und verwüsteten die Kirchen. Als die Bauernheere geschlagen waren, verlor Heiligenstadt zur Strafe seine Freiheitsbriefe und mußte seine Geschütze abgeben. Obwohl sie sich „unter dem Krummstab“ zu einer bedeutenden Stadt entwickelt hatte, waren etliche Einwohner zum Protestantismus übergetreten.

Friedrich Carl Josef von Erthal: Der letzte Mainzer Kurfürst suchte Zuflucht in Heiligenstadt.

Nur durch starke Befestigungsanlagen konnten Angreifer abgewehrt werden.

Der „Mittelpunkt“ Deutschlands

Oben: Stadtgründer Erzbischof Siegfried II. von Eppstein.
Unten: Eine Zeichnung Heiligenstadts (1493).
Unten rechts: Der Heiligenstädter Barockgarten, zwischen Heimatmuseum und St. Marien gelegen.

Nach dem Augsburger Religionsfrieden 1555 setzte die Gegenreformation auf dem Eichsfeld ein, als dessen sichtbares Zeichen 1575 das Jesuiten-Colleg in Heiligenstadt gegründet wurde.
Kurz vor Ausbruch des Dreißigjährigen Krieges suchte 1611 eine verheerende Pest die Stadt heim, an der 600 Bürger starben. Weitere Pestepidemien im Abstand weniger Jahrzehnte forderten erneut hunderte von Opfern. In den Wirren des Dreißigjährigen und des Siebenjährigen Krieges wurde die Stadt schwer in Mitleidenschaft gezogen. Wie alle Orte des Eichsfelds wurde auch Heiligenstadt geplündert, gebrandschatzt und verwüstet.
Der letzte geistliche Herrscher des Eichsfeld, Friedrich Carl Josef von Erthal, floh in den Jahren 1792 und 1796 vor den politischen Folgen der Französischen Revolution nach Heiligenstadt. 1802 wurde das Erzbistum Mainz aufgelöst und das Eichsfeld Preußen zugeschlagen. 1807, während der französischen Besatzungszeit, erklärte König Jérôme Heiligenstadt zur Hauptstadt des Harz-Departements. 1815 wurde das Eichsfeld geteilt, und der Kreis Worbis-Heiligenstadt gehörte zum preußischen Sachsen.
Späte Genugtuung: Am 25. Juni 1991 erhielt die Stadtverwaltung Heiligenstadts einen Brief von der Universität Bonn. Nach dortigen Berechnungen befindet sich der Mittelpunkt Deutschlands bei 10° 1' 0" östlicher Länge und 51° 19' 7" westlicher Breite - und damit im Heiligenstädter Ortsteil Flinsberg.

Zeit-Sprung

973 / 2004. Auf der Zeitreise durchs Eichsfeld begegnen uns Johanna und Sebastian zum ersten Mal am Seeburger See, dem “Auge des Eichfelds”. Sie sind in ihrem Sonntagsstaat von Bernshausen aufgebrochen, um dem Grafen Isang ihre Aufwartung zu machen. Groß ist ihr Erstaunen, als sie dessen Schloß nicht finden können. Es soll, so erfahren sie von Gerd Brunken, der die Sprache der Vögel versteht, vor langen Zeiten wegen des frevelhaften Lebens des Grafen untergegangen sein. Nun aber sei zur Erquickung der Reisenden eine gastliche Herberge errichtet worden, die seinen Namen in die Zukunft tragen soll.

Aus „Gebehildehuson" wird Gieboldehausen

Eine besondere Bedeutung für die Geschichte des Eichsfelds hat ein Ort, dem zwar nie die Stadtrechte verliehen wurden, der jedoch als Verwaltungssitz die Geschicke einer Region mitbestimmte: der heutige Flecken Gieboldehausen. Wahrscheinlich lag bereits im frühen Mittelalter am Zusammenfluß von Rhume und Hahle eine sächsische Wasserburg, die als strategische Festung dem fränkischen Eichsfeld gegenüber diente. Nach ungesicherter Urkundenlage schenkte Otto II. im Jahr 979 den Ort dem Reichsstift Quedlinburg. Sichere Kunde von der Existenz eines Ortes mit Namen „Gebehildehuson" stammt aus dem Jahr 1003: König Heinrich II. verweilte an diesem Ort und stellte am 25. Mai eine Urkunde für den Erzbischof von Bremen aus. Daraus ist zu schließen, daß in dieser Zeit bereits eine wehrhafte Hofanlage vorhanden war, die einen königlichen Hofstaat beherbergen konnte, umgeben von einem breiten, durch Rhume oder Hahle gespeisten Wassergraben. Wenig später entstand innerhalb der Anlage ein zweistöckiger Steinbau mit einem quadratischen Turm. Um 1280 gab die Äbtissin von Quedlinburg Gieboldehausen und die unmittelbare Umgebung als Lehen in die Hände der Welfen. Gieboldehausen entwickelte sich schnell zu einem Verwaltungsmittelpunkt in der Goldenen Mark, zu einem Amt. Zwischen 1334 und 1342 erwarb Erzbischof Heinrich III. von Mainz die Burg von den Welfen. Mit der Burg als zentralem Fluchtort war der Ort umgeben von einem ausgeklügelten Befestigungssystem aus Hecken und Wällen, eingebunden in die Grenzsicherungsmaßnahmen Duderstadts mit ihren Warten. Dem Amt wurde die Gerichtsbarkeit über 14 Dörfer des Untereichsfelds übertragen. Seit 1450 als Flecken bezeichnet, war Gieboldehausen mit Marktrecht und Braugerechtigkeit ausgestattet. Erheblichen Anteil an dieser Entwicklung hatten die Herren von Minnigerode, denen der Mainzer Erzbischof 1410 Gieboldehausen zum Lehen gegeben hatte. Hans von Minnigerode der Jüngere, genannt der „Römer", erwarb um 1502 die Burg als erbliches Lehen und baute sie zu einem Schloß um, das bis 1530 als kurmainzisches Amtshaus diente. In der Zeit der sich formierenden Bauernunruhen kam es zwischen den Einwohnern Gieboldehausens und Hans von Minnigerode, inzwischen Amtmann, zu einem Konflikt: Dieser hatte die zu leistenden Abgaben und Dienste erheblich ausgeweitet und machte den Dorfbewohnern zudem ihre Rechte an der Allmende (Gemeingut) streitig. Mit einer Beschwerde beim Mainzer Erzbischof erreichten sie schließlich, daß sie sämtliche Fronen gegen eine jährliche Zahlung von 150 Gulden ablösen durften. Jener Hans von Minnigerode war in der Reformation einer der entschiedensten Befürworter der neuen Glaubensrichtung, die sich seit der Mitte des 16. Jahrhunderts im gesamten Untereichsfeld durchgesetzt hatte. Erst die Gegenreformation des Mainzer Kurfürsten Daniel Brendel erreichte die Rekatholisierung der Bevölkerung in der Region. 1815 fiel der Ort nach Beschlüssen auf dem Wiener Kongreß wieder unter hannoversche Herrschaft, 1866 schließlich durch Annexion an Preußen. Die neuen Landesherren verlegten 1885 das Amt nach Duderstadt, das Amtsgericht hingegen blieb bis 1932 im Ort bestehen. Als 1971 die Samtgemeinde Gieboldehausen gegründet wurde, zählten wieder neun der 14 alten Amtsdörfer dazu.

Das Gieboldehäuser Schloß wurde 1510 auf den Resten einer zerstörten Wasserburg errichtet.

Kupferstich aus dem Jahr 1654.

Zeit-Zeichen

976
In China wird der Kettenantrieb für mechanische Uhren erfunden.

988
Der Emir Hischam von Cordova erobert Barcelona und Léon.

1000
Der befürchtete Weltuntergang bleibt aus.

1001
Wikinger Leif Eriksson betritt die amerikanische Ostküste in Neufundland.

1002
Die Inder erkennen die Bedeutung der Ziffer "0".

1024
13.7. Heinrich II. stirbt in Grone bei Göttingen.

1034
In England wird König Duncan I. durch MacBeth ermordet.

1038
Erste Hochblüte der Samurai-Kultur in Japan.

1065
Bagdad wird Mittelpunkt arabischer Wissenschaft und Kunst.

1066
Schalcht bei Hastings, Wilhelm der Normanne wird englischer König.

1090
Spanien von den Arabern erobert.

1096
Erster Kreuzzug unter Gottfried von Bouillon.

1143
Erste Erwähnung einer Windmühle in England.

1147
Erste urkundliche Erwähnung Moskaus.

Unruhige Zeiten in Worbis: „Zankapfel" der Mainzer, Thüringer und Welfen

Im Jahr 1162 wurde ein Ort namens „Wurbeke" am östlichen Rand des alten Eichsfelds, an der Grenze zum Stammland der Thüringer Landgrafen, zum ersten Mal urkundlich erwähnt. Dabei handelt es sich um das heutige Worbis, eine wahrscheinlich schon um 900 an den Quellen der Wipper entstandene Siedlung am Rande des Ohmgebirges. In einer Schenkungsurkunde von 1238 wurde der Ort als Flecken, als „forensis Wurueze" bezeichnet. Wahrscheinlich war zu dieser Zeit schon eine befestigte Burganlage in oder vor dem Ort vorhanden. Einige Jahre später, in einer Verzichtsurkunde von 1255, taucht der Ort unter der Bezeichnung „civitas Worfece" auf, 1289 dann als eine von einer Mauer umgebene Stadt. Zwei Siegel aus diesen Jahren belegen, daß in der Stadt eine verfaßte Bürgerschaft und ein Bürgermeister vorhanden waren. 1311 schenkte Graf Friedrich von Beichlingen aus der Rotenburger Linie den Zisterziensern einige Liegenschaften vor und in der Stadt zum Aufbau eines eigenen Klosters. Die Initiative dazu ging von den überfüllten Klöstern Beuren und Anrode aus. Die Grafen übereigneten dem Kloster auch die Peterskirche in Worbis, die Patronatsrechte über die Nikolaus- und Brigittenkapelle sowie eine Mühle. Die Besitzverhältnisse in der Stadt waren kompliziert: Sowohl die Welfen als auch die Thüringer Landgrafen sowie das Erzstift Mainz hatten Besitzungen in und um Worbis. Die Mainzer Erzbischöfe waren ständig bemüht, ihre Besitzungen im Eichsfeld zusammenzulegen, und kauften 1373 unter Adolf von Nassau den thüringischen Anteil auf. Während des Dreißigjährigen Krieges fielen immer wieder Truppen in die Stadt ein, plünderten, vergewaltigten und mordeten. Im Gefolge des Krieges war 1625 zudem die Pest in die Stadt gelangt und hatte mehr als 200 Einwohner dahingerafft. Auch das ausgehende Jahrhundert war von Tod und Gewalt geprägt: 1681 und 1682 fielen die beiden Frauen Catharina Stadermann und Elisabeth Kunkell dem Hexenwahn zum Opfer, wurden gefoltert und schließlich auf dem Galgenfeld zwischen Worbis und Kirchworbis lebendig verbrannt. Im ausgehenden 18. sowie Mitte des 19. Jahrhunderts wurde Worbis von verheerenden Unwettern und großen Bränden getroffen, die beträchtliche Auswirkungen auf das Stadtbild hatten. 1802 gelangte Worbis unter preußische Herrschaft. Während der französischen Besatzung ernannte Jérôme, König von Westfalen, den Ort 1807 zur Kantonshauptstadt im Harzdepartement. Erneut im preußischen Besitz, wurde Worbis dem Regierungsbezirk Erfurt in der neu gebildeten Provinz Sachsen zugeschlagen.

Links: Worbis auf der ältesten bekannten Landkarte des Eichsfeldes (1545). Rechts: Ein Blick auf die Fachwerkhäuser der Innenstadt.

Adel sorgt für „himmlischen Beistand“

Das Eichsfeld kennzeichnet eine hohe räumliche Dichte von Klöstern, deren erste Gründungen bis ins 11. Jahrhundert zurückgehen. Die Gründungen gingen in der Regel vom ortsansässigen Adel aus, denn nach dem mittelalterlichen Verständnis zahlten sich mildtätige, fromme Werke für das Seelenheil aus: Die Mönche und Nonnen beteten regelmäßig für die Seelen ihrer Klosterstifter und deren Angehörigen.

Konrad von Bodenstein, der spätere Domkantor von Hildesheim, rief um 1200 das Zisterzienserinnenkloster Beuren ins Leben und wurde 1201 dessen erster Probst. Zunächst bezogen Nonnen des Klosters Wöltingerode bei Goslar das Gebäude. Das Kloster hatte einen guten, aber weltlich orientierten Ruf. Dementsprechend war der Andrang groß, besonders seitens adliger Novizinnen, die ein weltliches Leben in geistlichem Gewand führen wollten. Tochtergründungen mußten deshalb zur Aufnahme der Bewerberinnen in die Wege geleitet werden: So wurden um 1265 die Klöster Anrode und Teistungenburg gegründet. Bezogen wurde Anrode von Nonnen mit ihrem Probst Otto aus einem 1250 gegründeten, 1253 aber wieder aufgegebenen Kloster Breitenbich. Wiederholt griffen die Landesherren, insbesondere Erzbischof Gerlach von Nassau, in die Geschäftsführung der Äbtissinnen und Pröbste ein, die mit einer ökonomischen Verwaltung ihrer Liegenschaften wohl überfordert waren. Als das Kloster in massive wirtschaftliche Schwierigkeiten geriet, tauschte 1357 das St. Marienstift zu Heiligenstadt seine Anteile auf dem Hülfensberg gegen die Anröder Besitzungen. Zehn Novizinnen übersiedelten 1260 von Beuren nach Teistungen, das mit der St. Paulskirche zum Kloster Quedlinburg gehörte. Zunächst im Hahletal gelegen, verlegte der Konvent seine Gebäude auf einen nahegelegenen Hügel. Als der Zustrom der Novizinnen zu groß wurde, sah sich Erzbischof Gerhard von Mainz 1303 gezwungen, die Anzahl der Nonnen von 60 auf 40 herunterzudrücken. Dieses konnte jedoch nur bis 1342 durchgehalten werden.

Das älteste Kloster des Eichsfelds wurde bereits um 1100 gestiftet und liegt bei Gerode (oben links). Bezogen wurde es von hessischen und thüringischen Benediktinermönchen. Durch Schenkung, Kauf und Tausch war um 1300 das Kloster im Besitz von Gütern in über 70 Orten der Region. Fehden der Schutzvögte ließen das Kloster bis zum Anfang des 16. Jahrhundert verarmen.

Südöstlich von Leinefelde liegt in einem Waldtal des Dün das Zisterzienserkloster Reifenstein (unten links), das 1162 vom Grafen Ernst von Tonna-Gleichen gegründet wurde. Die Niederlassung besaß in ihrer Blütezeit Eigentum in mehr als 90 Orten, auch im thüringischen Mühlhausen und in Langensalza. Denn Städte garantierten in unruhigen Zeiten besseren Schutz als ein abgelegenes Kloster.

Um 1175 wurde westlich von Struht das Benediktinerkloster Zella (Kupferstich oben) gegründet. Ursprünglich als ein Doppelkloster konzipiert, war seit 1250 das Kloster fest in Frauenhand mit einer Priorin an der Spitze. Besonders hilfreich war für die Klosterentwicklung die Mitgift, die die Novizinnen bei ihrem Eintritt ins Kloster mitbrachten.

Im 14. Jahrhundert wollten die Franziskaner eine ehemalige germanische Kultstätte und Fluchtburg im Süden des Eichsfelds mit dem Wirken des Heiligen Bonifatius in Verbindung bringen. Ursprünglich nach dem germanischen Gott Stufo als „Stuffenberg“ bezeichnet, hat der Berg unter dem Namen „Hülfensberg“ noch heute eine besondere religiöse Bedeutung für das Eichsfeld. Dort wurde

Kupferstich des Klosters Bodenstein.

Eine Nonne beim Lesen der Bibel.

zunächst eine 1351 erstgenannte Kapelle errichtet, die sich zu einem Wallfahrtsort entwickelte. Für die Betreuung der Pilger und die Organisation der Wallfahrten waren seit 1359 die Nonnen des Klosters Anrode zuständig. An ihnen scheiterten die Versuche, an dieser Stelle Anfang des 18. Jahrhunderts ein Kloster zu gründen. Sie wollten auf ihre Einkünfte nicht verzichten.

Auch auf dem Kerbscher Berg befand sich in frühgeschichtlicher Zeit eine Fluchtburg, später eine Herrenburg, in deren Mitte im frühen Mittelalter vor 800 eine Martinskirche gebaut wurde. Dort hatte ein fränkischer Erzpriester seinen Sitz. Die Anlage gehörte den Herren von Kirchberg, die erstmalig 1134 erwähnt wurden und 1464 mit Heinrich ausstarben. Der Besitz verkam zur Wüstung. Die Kirche verfiel, aber ein alter Brauch hielt sich bis in die Mitte des 19. Jahrhunderts: Am Abend vor St. Martin ritt die Jugend Dingelstedts dreimal um den Kerbscher Berg und bekundete damit ihre Wertschätzung für die Kirche und den Heiligen. Franziskaner prüften 1666, ob auf dieser geschichtsträchtigen Stätte ein Kloster errichtet werden könne, verwarfen aber diese Idee zugunsten des Standorts Worbis auf dem Gelände des ehemaligen Zisterzienserklosters. 100 Jahre später gelang es den Dingelstedter Bürgern, die Franziskaner wieder für den Kerbscher Berg zu begeistern. 1864 wurde der Grundstein für ein Franziskanerkloster gelegt und dieses 1866 eingeweiht.
Alle damals bestehenden Klöster und Kirchen des Eichsfelds ereilte während des Bauernkrieges 1525 das gleiche Schicksal. Sie wurden vom Thüringer Haufen geplündert und meist in Schutt und Asche gelegt. Ihr Wiederaufbau kam angesichts der ökonomischen Lage der Region nur schwer in Gang. Der Dreißigjährige Krieg warf alle Bemühungen noch einmal zurück.
Im 17. und 18. Jahrhundert wollten die Mainzer Erzbischöfe ihre Klöster wieder mit Leben erfüllen. Einige Klöster, so Reifenstein, Beuren, Anrode und Teistungenburg, erlangten im 18. Jahrhundert wieder eine kurzfristige Blüte. Es waren vergebliche Mühen: Preußen besetzte 1802 das Eichsfeld. Die Klöster wurden zwischen 1803 und 1811 in staatlichen Besitz überführt, während des Kulturkampfes 1875 mußten die Mönche Preußen verlassen. 1887 endete die Auseinandersetzung zwischen Preußen und dem Vatikan. Die Mönche kehrten zurück.

Links unten: Die Ruine Rusteberg, bis ins 16. Jahrhundert zentraler Verwaltungssitz des Eichsfelds. Oben: Wallfahrt auf dem Hülfensberg (Kupferstich). Mitte: Kloster Anrode. Unten: Kloster Teistungenburg (beides Kupferstiche).

Leinefelde: „Südliches Tor zum Eichsfeld"

Sie beherbegt einen der schönsten barocken Dorfaltäre des Eichsfelds: Die Alte Kirche in Leinefelde unter dem Patronat der heiligen Maria Magdalena. Der Kirchbau begann 1729 mit der Grundsteinlegung.

Die Stadt Leinefelde gilt seit jeher als südliches Tor zum Eichsfeld. An der Kreuzung der Verkehrswege zwischen Bayern und Norddeutschland sowie zwischen Rhein und Elbe gelegen, kam dem Leinegau erhebliche strategische Bedeutung zu. Schon im 8. Jahrhundert, zur Carolingischen Zeit, war das Gebiet um die Leinequellen besiedelt. Als 897 der Gau Eichsfeld zum ersten Mal urkundlich erwähnt wurde, gehörte das Gebiet um die Leinequellen wahrscheinlich schon zu einer gemeinsamen Verwaltungseinheit.

Im Jahr 1227 verabredete Albrecht von Bodenstein zusammen mit seinen Neffen Otto und Konrad einen Gebietstausch mit dem 1162 gegründeten Kloster Reifenstein - Anlaß für die erste urkundliche Erwähnung des Ortes, der damals „Leukenfelt" genannt wurde.

Verwaltet wurden der Leinegau und auch Leinefelde vom Amt Scharfenstein im Auftrag der Herren von Gleichenstein. Heinrich IV. von Gleichenstein mußte 1294 schwer verschuldet unter anderem auch Leinefelde an den Mainzer Bischof Gerhard II. verkaufen. Im 15. Jahrhundert verschärfte sich die wirtschaftliche Situation in der Region beträchtlich. Der verarmte Landadel preßte aus seinen Untertanen heraus, was abzupressen war. Landflucht war die Folge, und Leinefelde wuchs durch den Zuzug von Bauern und Handwerkern aus wüst gefallenen Siedlungen ständig an. So blieb es nicht aus, daß sich 1525 auch Leinefelder am Bauernaufstand beteiligten.

Der Ort zählte am Ende des Dreißigjährigen Krieges etwa 300 Einwohner. Die kurfürstlich-mainzische Regierung gab als Anreiz zum Wiederaufbau kostenlos Bauholz ab und gewährte eine dreijährige Steuerfreiheit. Danach erholte sich das Dorf langsam, und 1669 wurde die erste Schule gegründet.

Das Eichsfeld und auch der Leinegau profitierten von dem aufkommenden textilen Heimgewerbe. Im Jahr 1765 lebten 70 Wollenweber und 179 Garnspinner in Leinefelde. Durch Leinefelder Fuhrleute gelangten Eichsfelder Textilprodukte der „Raschweber" bis Nowgorod, Ungarn, Flandern und Spanien. Das Dorf florierte: 1787 zählte es bereits 574 Einwohner.

Während der Kontinentalsperre in der französischen Besatzungszeit von 1807 bis 1813 konnten die Woll- und Leinenstoffe nicht mehr exportiert werden. Das Gewerbe ging seinem Niedergang entgegen, und der landwirtschaftliche Besitz gewann wieder eine lebenserhaltende Bedeutung. Wer nicht in der glücklichen Lage war, ausreichende Ackerflächen zu besitzen, verdingte sich als Saison- und Wanderarbeiter.

Von der günstigen Verkehrslage im Schnittpunkt der 1826 neu erbauten Rheinstraße von Köln nach Berlin und der Reichsstraße von Mühlhausen nach Duderstadt profitierte das Gastgewerbe. Nun fanden auch viele Leinefelder als Fuhrleute oder Fuhrknechte ein neues Auskommen. Die Anbindung an die Eisenbahn war ein weiterer wichtiger Meilenstein: 1863 stellte der Gemeinderat ein kostenloses Grundstück für ein Bahnhofsgebäude an der geplanten Eisenbahn von Kassel nach Halle zur Verfügung. Leinefelde wurde zum Zentralbahnhof im Eichsfeld.

Die Leinefelder Bahnhofstraße, 1929 fotografiert.

Hundert Jahre später ließen die Pläne der DDR-Regierung Leinefelde zum industriellen Zentrum des Obereichsfelds werden: Ausgedehnte Industrieansiedlungen veränderten den bis dahin ländlichen Charakter des Ortes, und anläßlich des 20jährigen Gründungstages der DDR wurde dem Ort Leinefelde am 26. September 1969 das Stadtrecht verliehen.

Duderstadt unter Herrschaft der Welfen

Die Welfen, ein fränkisches Adelsgeschlecht, gelangten durch Erbschaften in den Besitz des Herzogtums Sachsen. 1137 wurde Heinrich der Stolze Herzog von Sachsen, ihm folgte 1142 sein Sohn Heinrich der Löwe, der Braunschweig zu seiner Residenzstadt machte.

Unter den Welfen entwickelte sich Duderstadt zu einer Stadt mit allen Rechten und Pflichten dem Landesherrn gegenüber. Eine der ersten Maßnahmen, die Otto „das Kind“ (ein Enkel Heinrichs des Löwen) in seinem neuen Lehen unternahm, war die Verleihung der Stadtrechte im Jahr 1247. Wahrscheinlich ist die Urkunde hinsichtlich der Stadtrechte gefälscht worden. Richtig aber ist: Herzog Otto war großzügig, denn er gewährte Duderstadt für sechs Jahre Steuerfreiheit sowie die Zollfreiheit in Braunschweig, sicherte der Stadt eine eigene Pfarrstelle zu und schenkte ihr den Wald am Lindenberg. Die Duderstädter erhielten - urkundlich gesichert - unter Ottos Sohn, Herzog Albrecht (genannt „der Fette“), das braunschweigische Stadtrecht für ihren Ort. Für das Jahr 1255 läßt sich das dreieckige Siegel (links) mit den Braunschweigischen Löwen nachweisen und der Umschrift „SIGILLUM BURIENSIUM IN TUTERSTAT“.

Mit der Stadtgründung hatte Otto einen längst überfälligen Schritt verwirklicht, denn der Königshof mit der Servatiuskapelle und der östliche Teil mit dem Marktbereich sowie kaufmännischen und handwerklichen Siedlungen waren längst zu einer Einheit zusammengewachsen. Der Ort war umgeben von einem Wall mit Palisadenzaun, verstärkt durch Knicke und Gräben. Um 1200 hatten die Bürger zudem mit dem Bau einer steinernen Mauer begonnen, die - versehen mit Toranlagen und Türmen - die Stadt Mitte des 13. Jahrhunderts fest umschloß. 1250 begann man mit dem Bau der Kirche St. Cyriakus, benannt nach einem gleichnamigen Braunschweiger Stift. Duderstadt hatte sich damit zu einem befestigten Wirtschaftszentrum in der „Goldenen Mark“ entwickelt. Die Einwohner des Ortes wurden in einer Urkunde von 1241 „Burgenses“ (= Bürger) genannt. Für dasselbe Jahr läßt sich schon das Wirken eines Schultheißen nachweisen, und 1255 werden auch „Consules“ (= Ratsherren) erwähnt. 1273 zählte der Rat der Stadt zwölf Mitglieder. 1302 errichteten die Bürger einen als „Couphus“ (= Kaufhaus) bezeichneten Saalbau, der als Rathaus genutzt wurde.

Nach dem fränkischen Erbrecht mußte der Besitz der Welfen unter den Söhnen aufgeteilt werden. 1267 entstanden deshalb durch Erbteilung die welfischen Fürstentümer Göttingen und Grubenhagen, zu dem neben Besitzungen um Einbeck und Osterode auch die „Goldene Mark“ gehörte. Die ständige Geldknappheit der welfischen Herzöge von Braunschweig-Grubenhagen führte schließlich auch dazu, daß nach einer Reihe von Verpfändungen und nicht eingehaltenen Rückkauffristen das Untereichsfeld in den Jahren 1334 bis 1366 nach und nach an das Erzbistum Mainz fiel. Rund 100 Jahre hatte die Herrschaft der Welfen über Duderstadt gedauert. Die Stadt war in dieser Zeit reich und selbstbewußt geworden. Und sie hatte sich Stadtrechte erstritten, die bis weit ins 16. Jahrhundert eine weitgehende Selbstverwaltung ermöglichten.

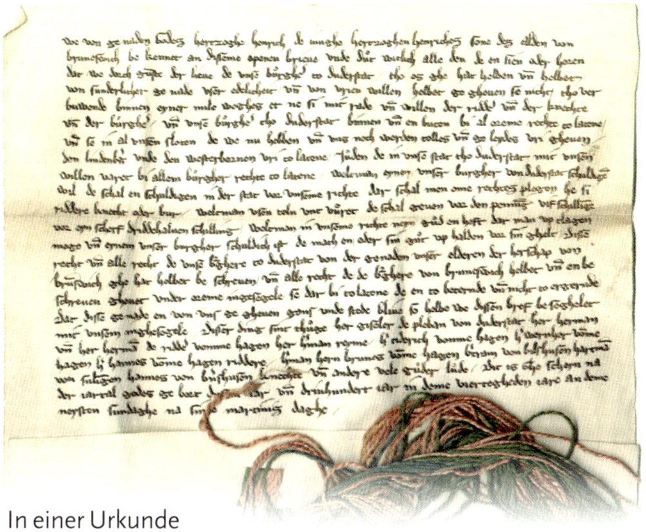

In einer Urkunde bestätigte Heinrich II. 1314 die Rechte der Stadt.

Früher Schutz: Der Palisadenzaun, später ersetzt durch die steinerne Befestigungsmauer mit Toren und Türen. Unten rechts: Otto „das Kind“, großzügiger Förderer Duderstadts.

Zeit-Zeichen

1187
Die Kreuzritter werden von Sultan Saladin aus Palästina vertrieben.

1189
Die älteste Papiermühle Europas entsteht in Frankreich.

1190
Gründung des Deutschen Ritterordens.

1191
In Japan werden der Tee und der Zen-Buddhismus aus China eingeführt.

1201
Im Donaugebiet entsteht das Nibelungenlied.

1206
Dschingis Khan wird zum Mongolenführer gewählt.

1210
Wolfram von Eschenbach vollendet den Parzival.

1216
Die Universität Paris erhält eine Satzung.

1219
Eine Nordseesturmflut erzeugt den Jadebusen.

1222
Die Universität Padua wird gegründet.

1231
Eine Lepra-Epidemie wütet in Europa.

1244
Jerusalem kommt unter islamische Herrschaft.

1245
Die Westminster-Abbey wird in London gegründet.

1249
Der Federkiel kommt als Schreibfeder auf, bevorzugt werden Gänsefedern.

Lesen, Singen und Rechnen - im Zeichen der Rute

Schon früh entsteht in Duderstadt eine Schule, und zwar in der Entwicklungsphase hin zur Stadt. Als erster Hinweis kann eine Urkunde von 1257 gelten, in der ein „rector parvorum“ (= Vorsteher der Kleinen/Kinder) genannt wird. Bereits 1338 werden eine jüdische Schule und 1397 eine Stadtschule an der Mauer erwähnt. Genauere Angaben zum frühen Schulwesen sind den Duderstädter Statuten von 1434 zu entnehmen: Der „rektor scholae“ (Schulleiter) wurde auf ein Jahr durch den Rat berufen. Generell handelte es sich um einen Geistlichen ohne Pfarrei. Standeszeichen der Lehrer war die Rute. Die Lehrinhalte: Vornehmlich Sprechen und Lesen der lateinischen Sprache, Rechnen und Singen. Es gab keine Klassen, jeder Schüler erfuhr sein Wissen im Einzelunterricht. Mit dem Einzug der Reformation wurde in Duderstadt die so genannte „Deutsche Schule“ für Jungen und Mädchen gegründet. Ansteigende Schülerzahlen machten eine organisatorische Reform notwendig: Die Schüler wurden je nach Leistungsstand in zwei oder mehrere Abteilungen, sogenannte Haufen, eingeteilt. Im Zuge der Gegenreformation öffnete eine Stadtschule für Jungen, die sowohl katholische als auch evangelische Schüler besuchen mußten. 1669 gründete der Stadtpfarrer Herwig Böning ein katholisches Gymnasium, das 1906 mit dem staatlichen Gymnasium (1876) verschmolz.

Im Jahr 1700 eröffnete der Ursulinenorden in Duderstadt eine Unterrichtsanstalt für Mädchen. Seit 1974 existiert eine staatliche Realschule in Duderstadt.

Heute vermitteln neben Gymnasium und Realschule zwei Hauptschulen, zwei Grundschulen, eine Sonderschule, eine Schule für Sozialpädagogik, eine Berufs- und eine Handelsschule Wissen in Duderstadt.

„Der Schulmeister von Falerii“, Miniatur aus dem Schachzabelbuch 1467, (Stuttgart, Württembergische Landesbibliothek). Oben rechts: Die alte evangelische Volksschule. Unten rechts: Klasse mit Schülerbänken und großem Kachelofen im Heimatmuseum Duderstadt.

Wertvoller Bestand als digitale Datenmenge

Das Stadtarchiv Duderstadt, dessen älteste Schrift-Aufzeichnung bis 1266 zurückreicht, ist mit einer Überlieferung von 800 Urkunden, 5.000 Amtsbüchern, 1.000 laufenden Metern Akten und 70.000 Fotoeinheiten von der Glasplatte bis zum Videoband eigentlich nur ein Archiv mittlerer Größe. In seiner tatsächlichen Bedeutung zählt es jedoch zu den herausragenden Kommunalarchiven im deutschsprachigen Raum. Der wertvollste Bestand des Archivs ist die nahezu lückenlose Überlieferung der Kämmereirechnungen, aus denen sich vielfältige Auswertungsmöglichkeiten ergeben. Das Projekt „Digitales Archiv Duderstadt" entstand aus einer Kooperation von Stadtarchiv und dem Max-Planck-Institut für Geschichte in Göttingen, das von der Volkswagenstiftung gefördert wurde. Daraus entwickelte sich eines der modernsten Nutzungskonzepte für Archive in Deutschland und Europa. Sind heute viele Archive mit einigen Basisdaten - Öffnungszeiten, Adressen, Ansprechpartner - im Internet vertreten, einige mit einer Kurzübersicht über Bestände und Findbuchextrakten, einige wenige mit ausgewählten, seltenen Stücken, so hat das Stadtarchiv Duderstadt seinen Bestand der Rechnungsbücher mit 42.000 digitalisierten Seiten und alle Akten vor 1650 mit 25.000 Seiten in das Internet eingestellt. Diese Seiten wurden durch eine intensive Verzeichnung erschlossen und sind durch eine umfangreiche Datenbank mit vielen Suchmöglichkeiten benutzbar. Die Menge dieser Dokumente wird nur durch ein amerikanisches Archiv überboten. Die Adresse für Neugierige: www.archive.geschichte.mpg.de/duderstadt/dud-d.htm

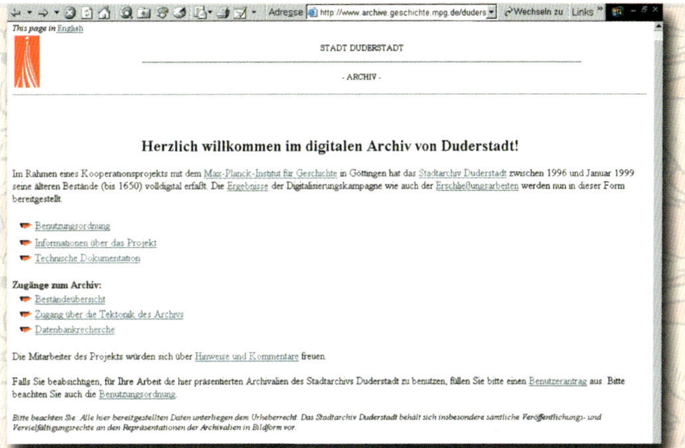

Lesen, Lernen, Lauschen: Kunstgenüsse für unterschiedliche Geschmäcker

In historischem Gebäude beheimatet, aber dennoch aktuell und modern ist die Stadtbibliothek Duderstadt (rechts außen). Sie befindet sich im ehemaligen Stadthaus des Klosters Gerode, einem Fachwerkhaus von 1627, das 1994 um eine attraktive Lesehalle (Wintergarten) erweitert wird.

Der Bibliotheksgarten bietet Aufenthaltsmöglichkeiten für Leser und Besucher. Internet-Freunden stehen in der Multi-Media-Ecke zwei Internet-Arbeitsplätze zur Verfügung. Die öffentliche Allgemeinbibliothek mit den Bestandsschwerpunkten Sach-, Kinder- und Jugendliteratur sowie dem Sondersammelgebiet Eichsfeld-Literatur pflegt eine enge Zusammenarbeit mit Schulen, Kindergärten und sonstigen Kultureinrichtungen am Ort. In der Bibliothek laufen regelmäßig Veranstaltungen für Kinder und Erwachsene, desgleichen Ausstellungen, Führungen und Vorträge.

In einem 1767 im barocken Fachwerkstil errichteten Gebäude, das bis 1931 ausschließlich als Knabenschule dient, ist das Heimatmuseum Duderstadt untergebracht (links). Sammlungsschwerpunkte bilden volkskundliche Objekte aus dem Eichsfeld, Tabakanbau und Tabakverarbeitung, Wanderarbeit sowie bäuerliches und bürgerliches Leben im 19. und 20. Jahrhundert. Ein weiterer Bereich ist der Kunst- und Kirchengeschichte gewidmet. Eine Besonderheit der Archäologischen Abteilung ist ein freigelegter Teil der alten Stadtmauer.

Eine speziell den Theater- und Konzertliebhabern bekannte Adresse ist die Eichsfeldhalle (unten). Hier bietet vor allem die Theater- und Konzertvereinigung Duderstadt e.V. ein abwechslungsreiches, interessantes und unterhaltsames Veranstaltungsprogramm für „Jung und Alt" an.

Nichts geht ohne Brehmewasser

Die mittelalterliche Stadt war alles andere als sauber. Abwässer, Hausabfälle, Tierkadaver und sonstiger Unrat - alles lag offen herum und verunreinigte die Straßen. Zum Glück floß ein Kanal „per medium civitatis", also mitten durch die Innenstadt, der zur regelmäßigen Gassenspülung genutzt werden konnte. Bereits 1276 ist belegt, daß die „offene Brehme" über die Marktstraße und die Spiegelbrücke bis zum Westerturm geleitet wurde. Darüber hinaus bestand die Kanalisierung der Brehme aus einem teilweise unterirdischen Abzweigungssystem durch die Nebenstraßen. Alte Pläne, aufgefundene hölzerne Wasserleitungen und archivalische Quellen weisen darauf hin: „Ratharbeiter haben an Legung derer Rinnen in die sogenannten Hausmannsgasse verdienet", heißt es 1771 über den Bau einer Kanalleitung durch die Hausmannsgasse (heutiger Herwig-Böning-Platz), um das Brehmewasser von der Marktstraße in die Hinterstraße zu transportieren.

Die Wasserversorgung der Stadt war insgesamt kein großes Problem angesichts der hydrografisch günstigen Lage Duderstadts auf einem von Wasserläufen umgebenen Sandriedel. Das Flüßchen Brehme, unweit des gleichnamigen Ortes, das etwa fünf Kilometer südöstlich von Duderstadt entspringt und in mehreren Armen die Stadt durchfließt, spielte dabei die größte Rolle. Der ursprüngliche Wasserlauf, das „Sandwasser", speiste den Graben vor der südlichen Stadtmauer, hatte also eine Funktion innerhalb des städtischen Verteidigungssystems. Darüber hinaus diente das Brehmewasser über Jahrhunderte als zentrales Reservoir der Stadt, nicht nur zur Reinhaltung der Straßen, sondern auch für zahlreiche weitere öffentliche, private und gewerbliche Zwecke. Unverzichtbar war das Brehmewasser beispielsweise zum Bierbrauen, einem der wichtigsten Wirtschaftszweige der Stadt. Die auf der Spiegelbrücke ansässige Färberzunft nutzte das Wasser zum Spülen der Wolle. Die Straßenbezeichnung „Spiegelbrücke", abzuleiten vom niederdeutschen „Spoilbrügge" (spoilen = spülen, waschen), rührt wohl von diesem Gebrauch her.

„Rathszimmermeister zeiget an, daß er zu deren Rinnen durch die Hausmannsgasse 8 büchenbäume haben müsse."

(Oktober 1730, Holzprotokoll 1714-1791, Fol.109, Stadtarchiv Duderstadt).

1863 gab es Ärger mit den Wäscherinnen, die sich über das gefärbte Wasser beschwerten; folglich untersagte der Magistrat den Färbern das uneingeschränkte Spülen der Wolle in der Brehme und den Teichen. Von immenser Wichtigkeit war ferner eine ausreichende Wasserversorgung bei der Brandbekämpfung. In der äußerst brandgefährdeten Fachwerkstadt mußte jeder Bürger ständig einen gefüllten Wassereimer bereitstellen. Bei Feuerausbruch ließ der Zapfmeister zusätzlich das Brehmewasser durch die bedrohten Straßen laufen.

Brehmekanal in der Marktstraße mit abzweigender Leitung in die Löwengasse (vor 1907).

So wie wir die „offene Brehme" von alten Fotos um 1900 kennen, bestand sie seit 1830/31, als sie mit den Sandsteinen des 1811 abgerissenen Obertors eingefaßt wurde. Übrigens floß sie damals auch durch die Obertorstraße, wobei sie am inneren Obertor unter einem Wohnhaus hindurchgeführt wurde. 1907/08 verschwand sie dann aus dem Stadtbild, in Rohre verlegt und mit Zementplatten abgedeckt. Nach dem Bau des zentralen Wasserleitungs- und Kanalisationssystems (1926-29) war ein Verlauf der Brehme durch die Innenstadt nicht mehr von Nutzen; sie wurde in den Obertorteich und das Sandwasser abgeleitet. Seit 1990 wird wieder Wasser im rekonstruierten Kanalbett der Brehme geführt - als historisierendes und belebendes Element der neu gestalteten Fußgängerzone.

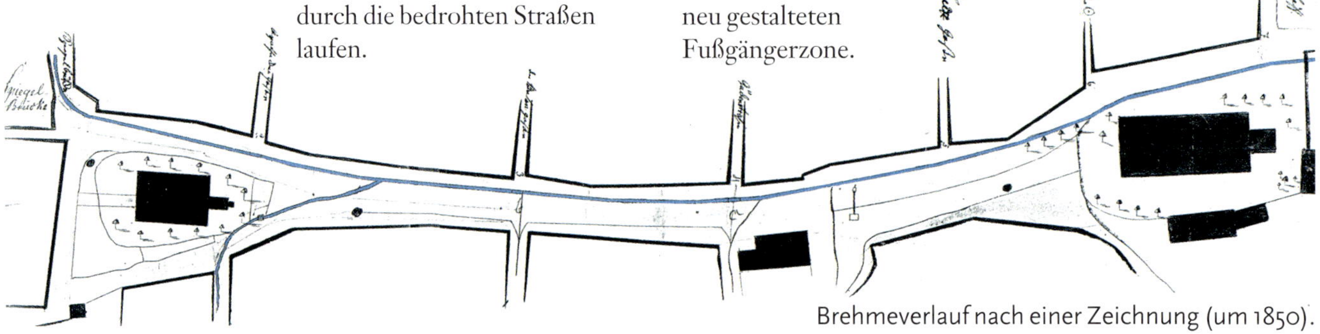

Brehmeverlauf nach einer Zeichnung (um 1850).

Von Nachttopf bis Mord: Justitias harte Hand

Die Leitlinie der mittelalterlichen Justiz „Auge um Auge, Zahn und Zahn“ erscheint für heutige Verhältnisse barbarisch. Im Vergleich zur ursprünglich ausgeübten Blutrache war sie jedoch ein großer Fortschritt, da sie Tat und Strafe in einen engen Zusammenhang brachte und somit Unverhältnismäßigkeit verhinderte. Die ersten Justizvorschriften werden 1279 in der Bestätigung der Stadtrechte von Duderstadt durch den Braunschweiger Herzog Heinrich den Wunderlichen genannt.

Der ursprüngliche Gerichtsort war das Westergericht unter freiem Himmel vor dem Westertor. Heute ist dieser Ort als „Maria im Linden Zaun“ bekannt (unten links). Im Hochmittelalter fanden die meisten Gerichtsverhandlungen in der Laube des Rathauses statt.

Kapitalverbrechen folgte die Todesstrafe, in „ehrenhafter“ Form das Enthaupten und in der „schändlichen“ Form das Hängen oder Verbrennen. Die Hinrichtungen von Männern wurden in Duderstadt meistens bei den so genannten Dingstühlen am Suhlberg vollzogen. Frauen wurden ebenfalls dort verbrannt oder im nördlich der Stadt gelegen Paradiesteich ertränkt. Zwischen 1501 und 1588 sind 23 Hinrichtungen in den Duderstädter Akten erwähnt.

Mittelalterliche Darstellung eines Gerichts im Freien unter einem Baum. Die Situation entspricht dem des Westergerichts vor dem Westertor in Duderstadt.

Zum Strafkanon gehörten außerdem Verstümmelungen: Für Gotteslästerung oder Meineid wurde die Zunge, für Falschspiel oder Benutzung falscher Gewichte die Hand abgeschnitten. Daneben gab es die „Ehrenstrafen“ für kleinere Missetaten: Obstdiebstahl, Zank-, Spielsucht und liederlicher Lebenswandel führen an den Pranger - östlich des Rathauses und am Neutor. Leichte Vergehen, wie Würfelspielen oder den Nachttopf auf die Straße zu entleeren, bezahlten die Täter mit Geldstrafen.

Vollstrecker der Strafen war der Henker. Da er als unrein galt, mußte er außerhalb der Innenstadt wohnen und wurde von der Bevölkerung gemieden.

Der Folterkeller im Duderstädter Rathaus.

Beispiele aus den Duderstädter Annalen:

1508: 5 Mk. dedit bertl Ruibart, dat he hefft meyt eynem Lechte in die schune gegan.

1549: 1/2 Mark zahlt Jacob Hesse maget, dat sey met einem schmewische (Pelzwerk) ging.

1569: 1/2 Mk. busse dedit Johannes Cadinck, hatt den dreck von der Pfanne (Nachttopf) uff die Straßen geschutt, actum 6te ost Andree.

1571: M.S. 5 Mk. hat Kartenspiel in seinem Hause geduldet.

1573: 1/2marck dedit Jürgen Rumper hat die wachte uffm walle des nachts nich gehalten.

1593: wird eine große Anzahl Hochzeitsgäste des „Schleuders halber beim Tanze“ bestraft, jeder mit einem Malter Hafer.

„Stadt und Schützen fest verbunden..."

Schlägt man das älteste erhaltene Rechnungsbuch der Stadt von 1397 auf, entdeckt man sie, die Spuren des frühen Duderstädter Schützenwesens. Den „Sagittariis" (Armbrustschützen) wurde eine Vergütung gezahlt, dafür daß sie wie jeder waffenfähige Bürger ihren Beitrag zur Stadtverteidigung leisteten. Nicht nur als Stadtmiliz, sondern auch bei den zahlreichen Fehden des ausgehenden 14. Jahrhunderts kamen die Schützen zum Einsatz. Mit dem 16. Jahrhundert verloren sie allerdings ihre militärische Bedeutung, denn vom Landesherrn eingerichtete Söldnerheere verrichteten nun den Waffendienst. Folglich konzentrierten sich die Schützen mehr und mehr auf friedlichen Wettbewerb. Schon die städtischen Statuten von 1434 (unten links) lassen erfahren, daß die Schützen gern Zusammenkünfte nutzten, um auf den Papagei oder durch den Ring - „den papegougen edir dorch den ring" - zu schießen. Die Stadt stiftete dazu den „Schützenschilling", der anläßlich dieser Schießen in ein Festessen umgesetzt wurde. Die freundschaftlichen Begegnungen der Schützen fanden ihren Höhepunkt in großen Schießfesten, belegt beispielsweise für 1550, 1581 und 1609, zu denen auch viele auswärtige Besucher eingeladen wurden. Für die besten Schützen waren Geldgewinne ausgesetzt. Später gab es Tuchgewinne, zum Beispiel „fünff Ellen gut Spannish Laken", und zu Beginn des 18. Jahrhunderts bewilligte der Mainzer Landesherr einen besonders begehrten Preis, den „Schützenbrau" (bis 1853). Von der üblichen Tranksteuer befreit, garantierte er dem Gewinner – dem heutigen „Schützenkönig" - einen lukrativen Zuverdienst.

Älteste erhaltene Schießscheibe von 1819.

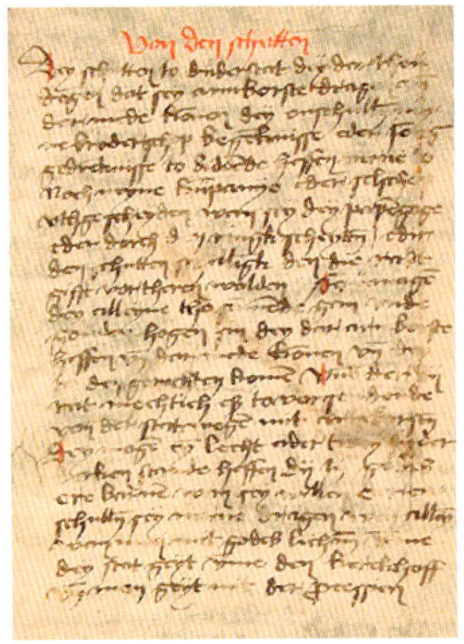

Das Duderstädter Schützenfest genoß einen überregional guten Ruf. Geradezu berühmt war die „Zeltstadt" auf der Talwiese, wo sich zur Festzeit mehr als 100 Zelte halbmondförmig um die Schießstände und die Vogelstange gruppierten. Um 1800 fand diese Gepflogenheit ihren Höhepunkt; mit dem Bau des neuen Schützenhauses 1902 (unten rechts) kam sie zum Erliegen.

Der These eines Theoretikers folgend legte die Schützengesellschaft in den 1870er Jahren ihr Entstehungsdatum auf 1302 fest, obwohl ihre Existenz wahrscheinlich noch weiter zurückreicht. Doch beginnt mit dieser Festlegung auf 1302 die Ära der großen Schützenjubiläen. Mit riesigem Aufwand wurde 1902 die 600-Jahrfeier begangen. Geschenke kamen von Kaiser Wilhelm II., Fürstbischof Georg Kardinal Kopp und vielen anderen politischen Prominenten.

Im 20. Jahrhundert hatten die Schützen mit den Weltkriegen gravierende Einschnitte zu überstehen. Die nationalsozialistische Herrschaft unterwarf die Schützenfeste propagandistischen Zwecken. Dennoch besaß die Schützenbewegung genügend Energie, ihre Traditionen nach dem Zweiten Weltkrieg wieder aufzunehmen. Dazu gehört auch das Vogelschießen, die älteste Disziplin der Duderstädter Schützen. Daß dieser Traditionswettbewerb, bei dem stückchenweise ein hölzerner Adler abgeschossen wird, eine reine Männerdomäne ist, daran hat sich bis heute nichts geändert. Die 1962 gegründete Damenabteilung der Duderstädter Schützengesellschaft sieht es gelassen und veranstaltet zeitgleich einen eigenen Wettbewerb um die sogenannte Damenehrenscheibe. Das jüngste Großereignis der Duderstädter Schützen war das 700. Jubiläum im Jahr 2002, das von der deutschen Schützenwelt als eine Aneinanderreihung glanzvoller Veranstaltungen anerkannt wurde. Die enge Verflechtung von Stadt und Schützen zieht sich wie ein roter Faden durch die über 700-jährige Schützengeschichte. Im Motto des Schützenbrunnens (1997) ist es treffend formuliert: „Stadt und Schützen fest verbunden - Ein ewig starkes Band."

Die Bundestagsabgeordnete und spätere Bundestagspräsidentin Prof. Dr. Rita Süssmuth, Duderstädter Schützen und Honoratioren, 1987.

Dingelstädt: Gerichtsstätte mit frühen Wurzeln

Erst am 14. Februar 1859 war es soweit: Als einer der letzten Städte des Eichsfelds verleiht das preußische Kabinett Dingelstädt das Stadtrecht - und das, obwohl die erste urkundliche Erwähnung des Ortes im Tal der Unstrut weiter zurückreicht als die aller anderen Städte des Ober- und Untereichsfelds. Mitte des 9. Jahrhunderts schenkte ein Adliger namens Eigil nachweislich seine bei Dingelstädt gelegenen Güter dem Kloster Fulda. Der Name Dingelstädt weist auf einen „Thing", eine Gerichtsstätte, hin.

Die Bedeutung des Ortes stieg, als die Kurfürsten von Mainz 1294 ihre eichsfeldischen Besitzungen durch den Erwerb der Ämter Gleichenstein, Scharfenstein und Birkenstein erweiterten. 1309 wurde das Gericht des Amtes Gleichenstein nach Dingelstädt verlegt, und so erhielt der Ort seine ursprüngliche Funktion als Gerichtssitz zurück.

Zu jener Zeit residierte der Landesherr in Mainz und hatte seine Besitzungen als Lehen an die Feudalherren der Region weitergegeben, die sich untereinander in Zwistigkeiten und Fehden aufrieben. Sie brauchten ständig Geld. Deshalb mußten die kleineren Orte, Dörfer und Gehöfte den adligen Herren gegenüber Frondienste leisten. In den ländlichen Gebieten kam es zu Unruhen, die schließlich 1525 in den Bauernkriegen zum Ausbruch kamen. Dingelstädt wurde schnell protestantisch. Im vereinigten Thüringer Haufen zogen als Abgesandte Dingelstädts Augustin Künemund und Ciliax Kobel mit. Sogar Pastor Johann Koch soll gezwungen worden sein, mit den aufrührerischen Bauern gemeinsame Sache zu machen.

Im Jahr 1607 erhielt Dingelstädt nach einer von Kaiser Rudolph II. in Prag ausgestellten Urkunde den Rang eines Marktfleckens. Im Dreißigjährigen Krieg mehrfach gebrandschatzt und geplündert, hatte Dingelstädt einen beträchtlicher Bevölkerungsverlust zu verzeichnen. Nach dem Münsterschen Frieden 1648 erholte sich der Ort jedoch ziemlich schnell und zählte im Jahr 1675 bereits wieder 738 Seelen. Der beginnende Aufschwung wurde allerdings durch einen verheerenden Brand empfindlich unterbrochen, der 1688 fast alle Häuser der Stadt in Schutt und Asche legte.

Mit der Errichtung einer Poststation im Jahr 1758 wurde die zentrale Bedeutung des Ortes im Obereichsfeld erneut festgeschrieben. Handwerk und Handel blühten auf, zwei Ärzte waren im Ort ansässig und 1779 wurde eine Apotheke eingerichtet. Als 1793 das Gleichensteinische Gericht nach Dingelstädt verlegt wurde, nahm der Amtsvogt hier seinen Wohnsitz. Zu Beginn des 19. Jahrhunderts hatte der Ort fast 2.000 Einwohner.

Nach dem Abriß der Posthalterei 1851 wurde auf ihrem Gelände das Rathaus errichtet, und zwischen 1852 und 1855 erfolgte der Bau der Pfarrkirche St. Gertrudis, des dritten Gotteshauses.

Stadtgründer Kaiser Rudolf II. (1576 - 1612).

1859 wurde der Marktflecken zur Stadt erhoben und der Apotheker Eduard Schweikhardt zum ersten Bürgermeister ernannt. Das preußische Heroldsamt verlieh der Stadt ihr heutiges Wappen (links): Eine Eiche auf silbernem Grund symbolisiert die Zugehörigkeit zum Eichsfeld, der goldene Ring um den Baumstamm erinnert an die einstige Gerichtsstätte. Nach 1870 setzte in Dingelstädt ein industrieller Aufschwung ein, der die Stadt zu einem wichtigen Wirtschaftszentrum im Eichsfeld werden ließ.

Eine Reise durch die Geschichte Dingelstädts: Das Rathaus, eine Zeichnung des Pfarrhauses mit Stadtmauer und die Kirche St. Gertrudis (von links).

Zeit-Sprung 1314 / 2004. Johanna und Sebastian fühlen sich wie im Märchen - ihre gewohnte Gasse ist völlig verändert. Es sieht so aus, als hätten überall Edelleute ihre Throne vor die Türen gestellt, und niemand hat etwas dagegen, als Sebastian einen davon ausprobiert. Statt Unrat fließt plötzlich klares Wasser durch die Stadt - so rein, daß Johanna sogar ihre irdene Schüssel darin spülen kann.

Jüdischer Glaube im Eichsfeld

Für die Zeit des Mittelalters lassen sich im Eichsfeld nur in Heiligenstadt und Duderstadt jüdische Ansiedlungen nachweisen. In Duderstadt lebten - urkundlich belegt - im Jahr 1314 zehn jüdische Familien, die sogar das Bürgerrecht besaßen.

Möglicherweise waren sie aus dem Rheinland zugewandert und hatten hier eine neue Heimat gefunden. 1338 ist eine Synagoge mit Schulhaus im Bereich der heutigen Jüdenstraße nachgewiesen - Beleg für ein organisiertes Gemeindeleben. Als Mitteleuropa ab 1348 von einer verheerenden Pestepidemie heimgesucht wurde, verdächtigte man die Juden, Brunnen vergiftet und damit die Seuche ausgelöst zu haben. In zahlreichen Orten kam es zu Judenverfolgungen, und auch die jüdischen Bewohner Duderstadts wurden aus der Stadt vertrieben.

Einige Jahrzehnte später siedelten sich erneut Juden im Ort an (rechts), und im Jahr 1434 war die Gemeinde wieder auf 20 Familien angewachsen, was einem Bevölkerungsanteil von 2,3 Prozent entsprach. Da Juden der Zugang zu Gilden und Zünften verwehrt war, lebten sie traditionell vor allem vom Handel und vom Geldverleih. Damit waren sie für die wirtschaftliche Entwicklung der Städte wichtig, denn sie beschafften die für größere Projekte benötigten Geldmittel.

Nicht zuletzt trugen sie aber auch dadurch zu deren finanziellem Wohlergehen bei, da sie vielfältige Abgaben zu leisten hatten: Neben dem Schutzgeld für ihr Bleiberecht am Ort zahlten sie unter anderem Steuern, Mieten und Wachgeld für die Verteidigung der Stadt. Für Duderstadt ist belegt, daß die jüdischen Bewohner sogar „Zuschüsse" zur Fastnacht leisten mußten. Wahrscheinlich erreichten sie durch diese Zahlungen, daß sie vom tollen Treiben ihrer christlichen Nachbarn verschont blieben. Die hohen Abgabenlasten führten schließlich dazu, daß die jüdischen Gemeinden des ausgehenden Mittelalters immer mehr verarmten.

Nachdem im Jahr 1507 die letzten beiden Juden Duderstadt verlassen hatten, waren hier für mehr als 300 Jahre keine jüdischen Bewohner mehr ansässig. 1574 schließlich erfolgte im Zusammenhang mit den Rekatholisierungsmaßnahmen des Erzbischofs Daniel Brendel von Homburg die Ausweisung der Juden aus dem Eichsfeld.

Durstig - 300 Liter „flüssiges Gold" pro Einwohner im Jahr

Als „ein stöveken beyrs", so taucht es 1337 in der Duderstädter Überlieferung auf: das Volksgetränk „Nummer 1" - Bier. Aber es war nicht nur flüssiges Genuß- , sondern auch wichtiges Lebensmittel. Somit ist es nicht verwunderlich, daß der jährliche Konsum im 14. Jahrhundert rund 300 Liter pro Kopf betrug. Das Duderstädter Bier erfreute sich überregional eines guten Rufes als Genuß- und Heilmittel und wurde sogar bis Wien exportiert. Brauen durfte nur, wer Bürger der Stadt war. Insgesamt gab es 350 brauberechtigte Häuser mit einem jährlichen „Ausstoß" von 36 Faß (zu je 440 Liter). Die Braupfanne gehörte der Stadt und wurde mit einem Pferdegespann jeweils in das aktive Brauhaus gebracht. War das Bier trinkfertig, schmückten die Häuser, in denen es verkauft wurde, ein Tannenzweig.

Das Wasser zum Brauen kam aus der Brehme, die mitten durch die Stadt floß. Vor einem Brautag ging der Ausrufer durch die Stadt und rief: „Es wird hiermit bekannt gemacht, daß keiner in die Brehme macht, denn morgen wird gebraut....!" Es gab eine Menge Zutaten: Honig, um das Bier zu süßen, Ruß oder Safran, um es zu färben, oder Bilsenkraut - daher der Begriff „Pils" -, um den Rausch zu erhöhen. Schon früh (1434) legte der Rat der Stadt Qualitätsvorschriften für Bier fest. Es durfte beispielsweise nur Gersten- oder Weizenmalz benutzt werden, nicht aber Hafermalz. Erst im 15. Jahrhundert lernte man den Nutzen der Hefe kennen. Bis dahin hatten die Brauer den Sud einfach stehen gelassen und auf die Gärung gewartet. Teilweise hatten sie auch in den Sud gespuckt, um die Gärung in Gang zubringen. Vielfach schlug der Braugang wegen ausbleibender Gärung fehl. Nur bei den Bäckern des Ortes gelang wegen der Hefepartikel in der Luft der Gärungsprozeß fast immer, so daß diese häufig der Hexerei bezichtigt wurden. 1707 beschloß der Rat der Stadt die Errichtung von vier Brauhäusern, die von allen Brauberechtigten genutzt werden konnten. Eines dieser vier Brauhäuser lag im so genannten „Halben Mond" in der Haberstraße (unten). Im 19. Jahrhundert verschlechterten sich die Exportmöglichkeiten, so daß sich die Brauerei immer weniger lohnte. 1929 wurde sie ganz eingestellt. Nur private Enthusiasten pflegen die „hohe Kunst" - bis zum heutigen Tag.

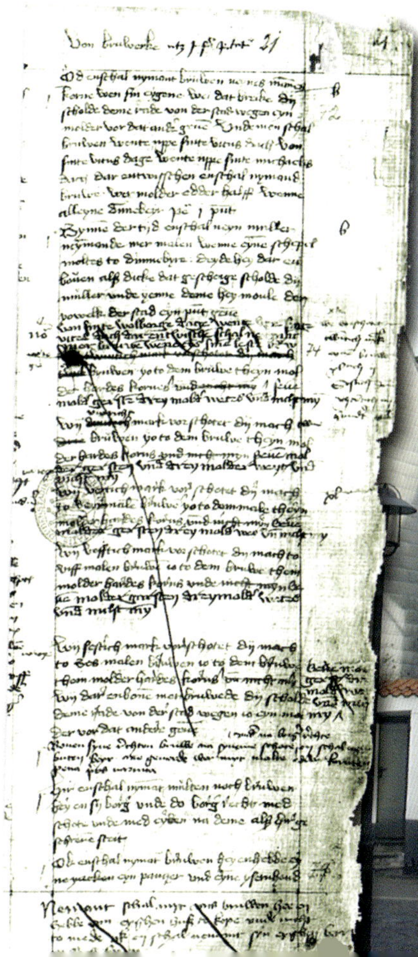

Oben: „Vom Lob des Bieres" - Kupferstich von Martin Engelbrecht (1750). Rechts: Erste schriftliche Festlegung der Statuten zum Brauen in Duderstadt von 1434. Von 328 Statuten befassen sich 36 mit Bier, wobei Brau-, Qualitätsstatuten und Abgabe geregelt werden. Die Statuten gehören somit zu den ersten Qualitätssicherungsgesetzen für Bier. Das deutsche Reinheitsgebot (bayrische Reinheitsgebot) stammt erst von 1516. Oben rechts: Von der Bierherstellung aus „Koch- und Kellermeistery" aus dem Jahr 1570.

Krankenhaus St. Martini Duderstadt: Erste Erwähnung des „Spetals vor dem Westerthore“

1347 wird das „Spetal vor dem Westerthore“ zum ersten Mal urkundlich erwähnt. Historische Aufzeichnungen berichten aus den Anfängen. Die Schwestern widmen sich hauptsächlich „*...der Pflege der Hospitaliten, welche aus Stadtarmen, Siechen und vermögenslosen Kranken bestandt...*“.

Immer kürzer wird der stationäre Krankenhausaufenthalt der Patienten dank des „Medizinischen Fortschritts“:

1868: 83 Tage	1988: 15 Tage
1888: 46 Tage	1999: 11 Tage
1905: 39 Tage	2004: 8 Tage

Die ersten Beschlüsse für den geplanten Neubau des Hospitals seitens der Stadt Duderstadt datieren vom 10. September 1443. Der Rat der Stadt hegt und pflegt St. Martini wie ein Kleinod, dennoch verfällt es mit der Cholera im Jahr 1830 immer mehr.
1866 übernehmen die Barmherzigen Schwestern vom Heiligen Vinzenz von Paul aus Hildesheim das Krankenhaus.
Zwischen 1906 und 1908 erfolgt der Neubau des Hauses, da das alte in keiner Weise mehr den Anforderungen der Zeit entspricht.
Auch das Hospital ist zu klein geworden: Haben 1868 lediglich 39 Kranke Heilung gesucht, steigt 1888 die Zahl bereits auf 149, im Jahr 1905 auf 260 und 1921 sogar auf 782 Patienten. Während des Zweiten Weltkrieges ist das Krankenhaus stets überbelegt.
Gebäude und Ausstattung werden seither regelmäßig erweitert und modernisiert.

Durch medizinische und pflegerische Kompetenz hat sich das Krankenhaus zunehmend das Vertrauen der Bürger aus Duderstadt und der näheren Umgebung erworben. Heute werden 6.000 stationäre und 10.000 ambulante Patienten pro Jahr versorgt. 600 Neugeborene erblicken jährlich im Krankenhaus St. Martini das Licht der Welt.

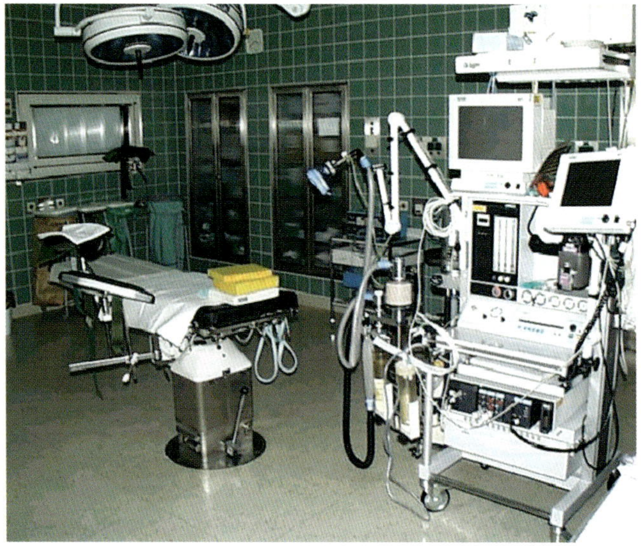

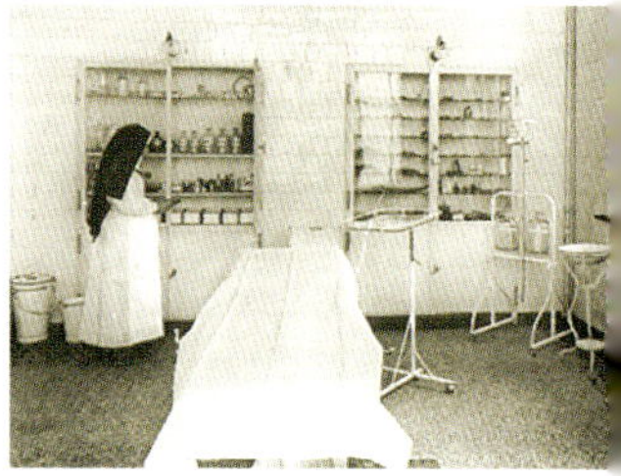

Modernste Technik und Menschlichkeit sind im Krankenhaus St. Martini kein Widerspruch, sondern ein wichtiges Miteinander. Durch die aktive Nächstenliebe im Umgang mit allen Patienten haben die hier tätigen Ordensschwestern der Hildesheimer Vinzentinerinnen den Grundstein dafür gelegt, daß noch heute der Patient als Mensch im Mittelpunkt sämtlicher Bemühungen steht.

Duderstadt lebt gut „unter dem Krummstab"

Die leidige Geldnot zwang die Söhne des Welfenherzogs Heinrich II., viele Teile ihres väterlichen Erbes zu verpfänden oder sogar zu verkaufen. So lieh sich vor allem Heinrich der Jüngere wiederholt Geld vom Erzbischof zu Mainz, dessen Besitz im Eichsfeld an die Goldene Mark grenzte. 1358 fiel Duderstadt endgültig an Mainz, dessen Herrschaft über die Stadt bis 1802 andauern sollte.
Die gesamte Transaktion war eigentlich illegal, denn die Welfen waren ja keine rechtmäßigen Besitzer Duderstadts, sondern nur Lehnsherren des St. Servatius-Stifts in Quedlinburg. Als die Duderstädter dem Mainzer Erzbischof huldigten, protestierte die Quedlinburger Äbtissin Jutta von Kirchberg heftig, aber vergeblich. Die Duderstädter selbst waren mit dem Machtwechsel durchaus einverstanden, denn sie wollten lieber unter dem Schutz von Mainz leben, als unter dem der verarmten Welfenherzöge aus der Seitenlinie von Grubenhagen. Deshalb hatte der Rat der Stadt den Verkauf an Mainz mit 150 Silbermark mitfinanziert.

Mit der Erwerbung konnten die Mainzer Erzbischöfe ihr Gebiet im Obereichsfeld, das sie 1294 hatten zusammenschließen können, schrittweise durch Besitzungen im Nordwesten erweitern. Im Jahr 1573 schließlich gehörte ihnen die gesamte Goldene Mark, und der Name „Eichsfeld" bezeichnete nun diese Region. Der Erzbischof von Mainz war im Mittelalter nicht nur geistliches Oberhaupt als Hofbischof des Kaisers, sondern verfügte als Erzkanzler des Heiligen Römischen Reiches auch über erhebliche politische Macht. Er war einer der sieben Kurfürsten des Reichs, denen die Königswahl zustand. Als Reichsfürsten besaßen die Erzbischöfe Gebiete am Mittelrhein, in Hessen und Thüringen sowie das Oberstift Aschaffenburg. Das Mainzer Rad (oben) galt seit der ersten Hälfte des 13. Jahrhunderts als feststehendes Wappen des Erzstifts und späteren Kurstaats. Die Kurfürsten selbst fügten seit der Mitte des 14. Jahrhunderts ihrem Familien-Wappen das Rad hinzu. Von nun an tauchte das Mainzer Rad an allen Amtsorten des Landesherren auf.

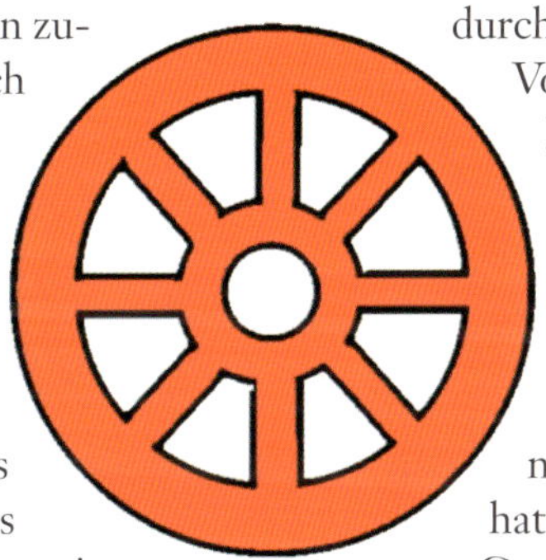

Ein altes Sprichwort behauptet: „Unter dem Krummstab ist gut wohnen."
Auf die Verhältnisse in Duderstadt traf dies zu, denn die Stadt erlebte unter der Mainzer Herrschaft einen raschen Aufschwung: Das Handwerk und die städtische Bautätigkeit florierten, und der Fernhandel nahm zu. Nach und nach dehnte die Stadt ihren Einfluß auf das Umland aus. Der Duderstädter Rat erwarb von der Mitte des 14. bis zum Anfang des 16. Jahrhunderts insgesamt 16 sogenannte Rats- und Kespeldörfer. Die fünf Kespeldörfer Seulingen, Esplingerode, Desingerode, Werxhausen und Germershausen gehörten zu einem gemeinsamen Kirchspiel und lagen im Westen der Stadt. Die Ratsdörfer umgaben die Stadt direkt und wurden jeweils durch zwei Ratsherren und einen ihnen unterstellten Vogt verwaltet.
Bis ins 19. Jahrhundert hatten die Dörfer der Stadt Abgaben in Form von Naturalien und den sogenannten Satzhafer zu liefern. Darüber hinaus mußten sie Hand- und Spanndienste leisten. In diesem Landgebiet besaß Duderstadt auch das Befestigungsrecht: Burgen durften nicht ohne Erlaubnis errichtet werden. Zunächst hatten die Dörfer noch weitgehend der eigenständigen Gerichtsbarkeit des Amtes Bernshausen unterstanden. Die Duderstädter Räte konnten sich jedoch auch diese Rechte erstreiten oder erkaufen.
Die Mainzer Kurfürsten hatten mit Duderstadt eine voll entwickelte, ökonomisch potente und politisch relativ autonome Stadt erhalten. Sie war geprägt von großem Selbstbewußtsein und konnte weitgehend unabhängig von Mainz agieren, da sich die Erzbischöfe in die Führung der Geschicke der Stadt kaum einmischten. Allerdings scheint der Duderstädter Rat auch mehrmals seine Befugnisse überschritten und sich landesherrliche Rechte herausgenommen zu haben. Deshalb zitierte Erzbischof Gerlach von Nassau 1361 die Ratsvorsitzenden nach Eltville am Rhein. Der Überlieferung nach zeigten sich die von weit angereisten Ratsherren den Vorwürfen gegenüber allerdings uneinsichtig. Über Konsequenzen seitens des Landesherren ist nichts bekannt.

Links: Erzbischof Heinrich III. von Virneburg bestätigte die Privilegien der Stadt. Unten: Der Bischof besucht seine „Schäfchen".

Wälle und Mauern - wehrhaftes Oval schützt vor Feinden

Mit dem 1370 fertiggestellten, nach Osten gerichteten Obertor konnten die Duderstädter ein ehrgeiziges Projekt abschließen: die Sicherung der Stadt durch eine feste, steinerne Mauer. Das Westertor, erstmals 1343 genannt und 1424 wieder aufgebaut, steht heute noch und bildet mit seinem gedrehten Turm eines der Wahrzeichen der Stadt. Das Steintor im Süden wurde schon 1276 zum ersten Mal erwähnt, denn bereits um 1250 begann der Aufbau eines gestaffelten Sicherungssystems.

Die innere Befestigungsanlage bestand aus einer bis zu sechs Meter hohen Mauer. Sie war etwa 1.700 Meter lang und umschloß den Siedlungskern - ohne Vorstädte und die Neustadt - in Form eines Ovals von 600 Metern Länge und 340 Metern Breite.

1279, als Heinrich der Wunderliche der Stadt die Rechte bestätigte, wurde zum ersten Mal von einem Stadtbereich „binnen der muren" gesprochen. Auf der Mauer verlief ein Gang, wo patrouillierende Wächter hinter Zinnen gleichzeitig Deckung und die Möglichkeit zur Ausschau fanden. Hinter Schießscharten nahmen im Verteidigungsfall die Schützen Aufstellung.

Durch überstehende Öffnungen, Pechnasen genannt, konnten die Verteidiger kochendes Wasser, Kalkstaub oder heißes Pech über die Angreifer schütten. Zahlreiche Türme, die im Zuge des weiteren Ausbaus der Verteidigungsanlagen in die Mauer integriert oder von außen im Halbrund an die Mauer angesetzt wurden, dienten dem Flankenschutz der Tore und der Verteidigung von einem hohen Schußwinkel aus. Von ihnen sind zum Beispiel der Pulverturm im Nordosten, der Heumannsche Turm in der Südmauer oder der Georgsturm am Westertor erhalten. In einem Abstand von etwa 50 Metern waren der Mauer ein Wall und Wassergräben vorgelagert. Die Gräben wurden durch das Sandwasser, die Hahle und die Brehme gespeist. Mehrere Türme am Wall, Bergfriede genannt, bewachten den Zugang zur inneren Befestigungsmauer.

Nicht nur die Stadt selbst, sondern das gesamte städtische Umland mitsamt den Rats- und Kespeldörfern war zudem durch einen weiteren Verteidigungsring geschützt, die Landwehren. Diese bestanden aus einem System von Gräben und Erdwällen, die mit Schlehen-, Hainbuchen-, Rot- und Weißdornsträuchern bepflanzt waren. Ihre Zweige waren teilweise geknickt und zu undurchdringlichen Hecken verflochten worden, den sogenannten „Knicken".

Bauleute im 15. Jahrhundert.

Von Warten aus sicherten Knickhüter an Schlagbäumen die Verkehrswege und somit die Zugänge zum Stadtgebiet. Die Knicksicherung verlief im Westen zwischen der Seulinger Warte und der Nesselröder Warte in zwei Verteidigungslinien. Eine weitere 18 Kilometer lange Linie zog sich in einem Bogen von Mingerode über die Rote Warte im Osten bis zur Euzenbergwarte und an die Dorfstelle Rosenthal.

Von den insgesamt 16 Warten aus erkannten die dort in unruhigen Zeiten postierten Wächter herannahende Feinde schon auf sehr große Entfernung. Sie lösten dann mit Hilfe von Feuerzeichen sofort Alarm aus, so daß sich die Stadt zur Verteidigung bereitmachen konnte. Die Wächter selbst verschanzten sich im Angriffsfall durch Heraufziehen der Zugangsleitern in ihren hoch gelegenen Turmstuben.

Knochenarbeit: Steinmetze beim Errichten der Stadtmauer.

Kämpferische Zeiten - Welfen, Thüringer und Hessen vor den Toren

Ein derartiges Verteidigungssystem war auch notwendig: Duderstadt und Untereichsfeld unter dem Krummstab der Mainzer Bischöfe grenzte jetzt im Nordwesten zu den Welfen, im Osten zu den Landgrafen von Thüringen und im Süden zu Hessen. Sie alle standen mit Mainz in ständigen Streitigkeiten über die Grenzverläufe sowie die vererbten oder erworbenen Gebietsansprüche. Gefahr für Duderstadt ging vornehmlich aus der engeren Umgebung aus, wenn benachbarte Adlige über die Dörfer im Umkreis der Stadt herfielen, das Vieh raubten, die Felder verwüsteten und Häuser in Brand steckten. In der zweiten Hälfte des 14. Jahrhunderts kam es zu derartigen Übergriffen unter anderem durch Hans von Minnigerode, Henning und Hans von Esplingerode, Hans von Osterode sowie Albrecht und Johann von Gladebeck. Alle Eroberungsversuche scheiterten jedoch, und die Angreifer mußten den Duderstädtern Urfehde schwören und Sühnebriefe ausstellen. Besonders die Herren von Uslar-Gleichen setzten Duderstadt immer wieder wegen einiger Landstücke und Höfe in Werxhausen zu. Die Duderstädter konnten Ernst von Uslar gefangen nehmen, der für seine Freilassung 1378 in Raten 100 Mark zahlen und zur Sicherheit acht adlige Bürgen stellen mußte. Uslar aber ließ nicht locker. 1383 zog Ernst von Uslar mit seinem Sohn Hermann erneut, aber erfolglos gegen Duderstadt.

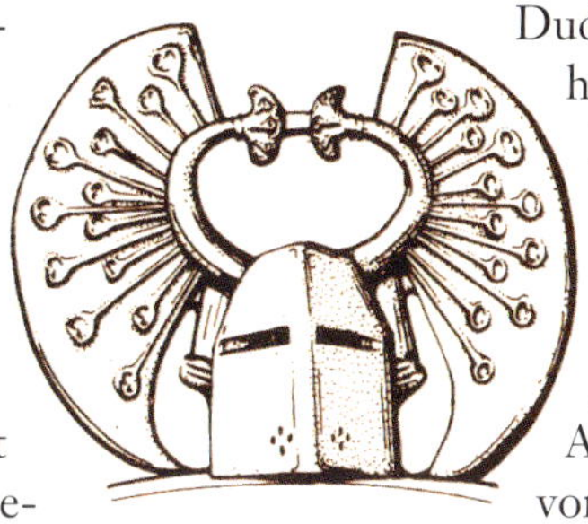

Die Herren von Uslar griffen zu einem anderen Machtmittel: Hildebrand von Uslar, der Bruder des bereits erwähnten Ernst, ließ in seiner Eigenschaft als Probst von Paderborn den Rat und etliche Bürger von Duderstadt exkommunizieren. Damit aber hatte er seine Befugnisse überschritten. Nach Duderstädter Beschwerden mußte er den Kirchenbann 1404 auf päpstliche Weisung widerrufen. Duderstadt ging nun in die Offensive, um die Fronten zu klären: 1411 benannte der Rat in einem Brief seine Feindschaft gegenüber Ernst und Hans von Uslar, Dietrich von Stockhausen, Hans von Dörnberg sowie Hermann von Bischofshausen und warnte die Empfänger, die Herren von Kerstlingerode: Wer den Feinden helfe, sei selbst ein Feind der Stadt. Mehrere Waffengänge hatten die Duderstädter den Fehden zwischen Braunschweig und Mainz zu verdanken. 1438 drangen die Braunschweiger in kurmainzisches Gebiet ein, plünderten Wollbrandshausen, Bernshausen wie Germershausen und setzten die Dörfer in Brand. Die Duderstädter nahmen bei Northeim mehr als hundert Mann gefangen. Sie zogen in weiteren Fehden 1444 gegen das Schloß Hunnesrück bei Dassel, 1447 mit Herzog Wilhelm von Sachsen gegen Soest, 1448 gegen das Braunschweiger Schloß Grubenhagen und 1453 gegen die Landgrafen von Hessen.

Als sich 1462 Diether von Isenburg und Adolf von Nassau um den erzbischöflichen Stuhl in Mainz stritten, schlugen sich die eichsfeldischen Städte auf die Seite Diethers, die Handwerkergilden in Duderstadt und Heiligenstadt jedoch unterstützten Adolf, da sie sich von ihm größere Mitspracherechte erhofften. Um seine Kriegskasse zu füllen, hatte Adolf bereits das Untereichsfeld mit Duderstadt für 14.000 Gulden an den Landgrafen Ludwig von Hessen verpfändet. Von der Werra aus drang der Landgraf auf eichsfeldisches Gebiet vor. Als die Gilden in Heiligenstadt einen Anschlag gegen den Rat der Stadt unternahmen, wurden die Duderstädter Schützen zu Hilfe gerufen. Sie schlossen die Aufständischen in der Stiftskirche ein. Als die Hessen anrückten, war der Aufruhr bereits unterdrückt.

Außenposten wie die Wehnder Warte (ganz links) konnten Angreifer rechtzeitig melden - gegen den Einsatz des Rammbocks waren befestigte Städte jedoch häufig machtlos. Was folgte, war meistens ein Kampf Mann gegen Mann (rechts).

Handel, Gilden und Ratsherren - die Stadt wird reich

Im Jahr 1400 hatte Duderstadt etwa 4.500 Einwohner. Sie bildeten zwei große Gruppen: die Bürger und die sogenannten „medewoner“ (= Mitwohner). Diese besaßen kein Bürgerrecht und somit auch nicht die üblichen Privilegien, mußten sich allerdings an allen städtischen Lasten beteiligen. In dieser vielschichtig zusammengesetzten Bevölkerungsgruppe fanden sich Hausbesitzer, von denen viele außerhalb der Stadtmauern lebten, aber auch Dienstboten, Tagelöhner und Ackerknechte ohne eigenes Haus. Lebensgrundlage der Bewohner waren Handwerk und Handel, die vor allem die lokalen Bedürfnisse befriedigen sollten. Duderstadt war zentraler Marktort und Handelsplatz. Die umliegenden Dörfer lieferten Grundnahrungsmittel wie Getreide (Bild unten).

Über den regionalen Handel gelangten wichtige Rohstoffe in die Stadt: Blei, Kupfer und Silber kamen aus dem Harz, Zinn und Zink aus Braunschweig, Eisen aus Westfalen, Kupfer aus Thüringen. Über Fernhandelswege wurde Seefisch aus den Küstenstädten geliefert, der besonders in Fastenzeiten ein Grundnahrungsmittel darstellte. Auf dem wöchentlichen Markt durften nur die lokalen Handwerker und Händler ihre Waren feilbieten. Dabei verfügten einige Handwerker über feste Verkaufsstände, anderen wurde per Los ein Standplatz zugewiesen. Viermal im Jahr durften auch auswärtige Kaufleute mit fertigen Produkten die Stadt besuchen und verkaufen.

Der Export eigener Erzeugnisse stellte einen wichtigen Faktor im wirtschaftlichen Leben der mittelalterlichen Stadt dar. So wurde das Bier, das alle brauberechtigten Bürger herstellen durften, bis nach Lübeck, Regensburg, Wien, Mainz und Köln exportiert. Tuche, Wolle und Leinen gelangten bis ins Baltikum.

Ob Duderstadt selbst Mitglied der Hanse war, ist unklar. Möglicherweise haben sich Duderstädter Kaufleute benachbarten Hansestädten wie Einbeck, Göttingen oder Northeim angeschlossen. Auf den Rückfahrten von ihren Handelsreisen brachten die Kaufleute Wein, hochwertige flandrische Tuche, Pelzwerk aus Rußland sowie Schmuckgegenstände aus Korallen, Bernstein und Edelmetallen in die Stadt. Duderstadt wurde reich.

Mit der Verleihung der Stadtrechte war die Verwaltung Duderstadts von den landesherrlichen Vögten auf den Rat übergegangen, der aus zwölf Mitgliedern bestand. Voraussetzung für die Aufnahme in den Rat war die Zugehörigkeit zur Kaufmannsgilde, der ältesten Gilde in der Stadt. Unter den Ratsmitgliedern finden sich Namen bekannter Adelsfamilien wie derjenigen von Minnigerode, Bernshausen, Bodungen, Amilii/Milges oder von Hagen, die sich in der Stadt niedergelassen hatten und die Ratszugehörigkeit zum Teil über Generationen in ihren Familien weitergaben. An der Spitze des Rates stand der „Radesmeystere“ oder „Burgermeister“ als Verwalter des Stadtsiegels. Der Rat tagte zum Teil in Gesamtsitzungen, auf denen Anwesenheitspflicht herrschte, zum Teil in Deputationssitzungen wie denen der Bauherren, Büchsenherren, Kammerherren, Mauerherren, Mühlenherren oder Schoßherren.

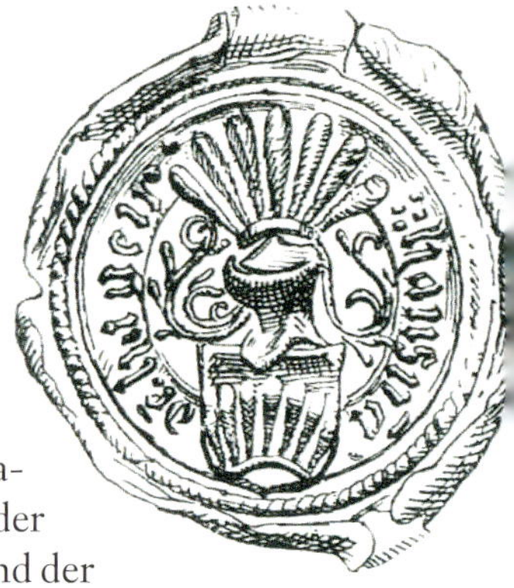

Jeder Einwohner Duderstadts, der ein eigenes Haus besaß, hatte einen jährlichen Beitrag „für den eigenen Tisch“ zu bezahlen, den „Schoß“. Der Rat der Stadt betrieb aus dem Steueraufkommen eine intensive Lagerhaltung an Grundnahrungsmitteln, um

So könnte das Duderstädter Kophus ausgesehen haben. Oben: die Bürgersiegel der Familien von Sothen, von Wehren und von Hagen (von links), sowie von Amilii (nächste Seite).

Ein Schuster bei der Arbeit.

in Zeiten von Dürren oder Belagerungen die öffentliche Grundversorgung sicherstellen. Darüber hinaus hatte der Rat einen Stadthauptmann mit militärischen und polizeilichen Befugnissen, einen Wundarzt, einen Stallmeister für die Ratspferde, einen Fischmeister, einen Weinschenk, einen Büchsenmeister, einen Förster und einen Türmer zu entlohnen.
Der Rat vertrat die Stadt nach außen hin und war zuständig für die Anbahnung und Aufrechterhaltung von auswärtigen Handelsbeziehungen.
Neben der Kaufmannsgilde gab es - in deutlichem sozialen Abstand - eine Reihe von Handwerksgilden, die allerdings zunächst keinen Sitz im Stadtrat innehatten. Die älteste dieser Gilden war die der Bäcker von 1273. Im Verlauf des 14. Jahrhunderts kamen die Gilden der Knochenhauer, Schmiede, Schuhmacher, Kürschner, Wollenweber, Leineweber und Schneider hinzu. An der Spitze der Gilden stand der gewählte Gildenmeister mit sechs Vormündern. In den Gildenordnungen wurde festgelegt, was verkauft und was verarbeitet werden durfte und welche Strafen gegen die Gildenmitglieder bei Verstößen verfügt werden konnten. Gesellen und Lehrlinge lebten im Haus des Meisters. Die Familie eines erkrankten Gildemitglieds wurde finanziell unterstützt. Auch die Versorgung von Witwen und Waisen

Hanse-Kogge in voller Fahrt.

war geregelt. Für ihre Verstorbenen bezahlte die Gildekasse die Totenmesse. Die nicht in Gilden organisierten Handwerker waren in der sogenannten „meynheit" zusammengefaßt. Aus dieser Gruppe entwickelten sich im späten 15. Jahrhundert die Gilden der Maurer und der Böttcher.

Die Ratsmitglieder hatten sich zahlreiche Privilegien gesichert wie zum Beispiel die Zollfreiheit bei der Einfuhr von Waren, das Monopol auf Gewandschnitte, den Verkauf des hochwertigen Einbecker Bieres und den Ausschank von Wein. So kam Unmut unter den Bürgern auf. 1379 versammelten sich vor dem Rathaus aufgebrachte Duderstädter. Die Gildemeister vermittelten und konnten so ihren Anspruch auf Mitbestimmung im Rat durchsetzen: Jeweils vier Vertreter der Meinheit und der Gilden sollten von nun an als Mittelsmänner ihre Belange dem Rat vortragen dürfen. Diese acht Männer wurden allerdings vom Rat der Stadt selbst ausgewählt.
Fehden, Kriegszüge sowie der Brand von 1424 hatten die Stadt an den Rand des Ruins gebracht. Die Einnahmen deckten nicht mehr die Ausgaben. Als deshalb der Schoß erhöht werden sollte, setzten die Gildemeister 1477 den Bürgermeister Hans Wehren mit Gewalt ab; zwei Gildemitglieder übernahmen die Stadtkämmerei. Deshalb verlegte der Landesherr Kurfürst Dieter von Isenburg 1479 Truppen nach Duderstadt und stellte persönlich in der Stadt die alte Ordnung im Rat wieder her.

Erster Arzt: Meister Berthold

Krankheiten und Seuchen waren im Mittelalter sowohl für den einzelnen als auch für die Gemeinschaft eine ständige Bedrohung. Neben der Selbstbehandlung konnten Kranke die Dienste verschiedener Heilkundiger in Anspruch nehmen, die versuchten, durch allerlei Arzneien oder auch magische Mittel Linderung zu verschaffen oder Krankheiten zu kurieren. Bader und Wundärzte, ja sogar Henker, die sich mit der Anatomie auskannten, behandelten Wunden und Knochenbrüche, renkten Glieder ein, stachen den Star oder zogen Zähne. Auch Wanderheiler kamen in die Stadt. Für das Jahr 1359 ist der erste Arzt - Meister Berthold - in Duderstadt nachweisbar. Um 1490 eröffnete der erste Apotheker Duderstadts, Valentin Hinze, seine Offizin. Das erste namentlich genannte Haus war die Rats- oder Schwanen-Apotheke. Der Apotheker gehörte der Krämerzunft an und bezog über den Fernhandel neben Heilkräutern und Medikamenten auch Spezereien wie Pfeffer, Ingwer, Safran, Rosinen, Mandeln und Konfekt (Bild unten). Im Falle von Seuchen blieb - wegen der Unkenntnis der Ursachen - nur die Isolierung und Pflege der Kranken. Diese oblag den Kirchen. So errichteten Mönche 1347 außerhalb der Stadtmauern das St.-Martini-Hospital vor dem Westtor, 1395 das Heilig-Geist-Spital vor dem Steintor, 1397 die Siechenstation und 1419 das Pilger- und Krankenhaus der Jakobs-Bruderschaft. Getragen wurden die Hospitäler meist von mildtätigen Stiftungen reicher Kaufleute.

„Und ein jeder soll zum Feuer zwei Eimer mitbringen"

Wieder und wieder versetzte der Alarmruf „Feuer!" die Bürger Duderstadts in Angst und Schrecken. Wenn der „Feuerteufel" wütete, kam es allzu oft zu verheerenden Stadtbränden - begünstigt durch die enge Fachwerkbebauung, den Umgang mit offenem Herdfeuer und die Lagerung leicht brennbarer Materialien. Die älteste Brandkatastrophe ist aus dem Jahr 1424 überliefert. Sie legte die Hälfte der Stadt vom Obertor bis zum Westertor in Schutt und Asche und forderte mindestens 100 Menschenleben. 340 Häuser waren betroffen - sicher der umfassendste Verlust an mittelalterlicher Bausubstanz in der Geschichte der Stadt. Zerstört wurde auch der Westerturm, dessen Wiederaufbau noch im selben Jahr begann.

Die Oberkirche nach dem Brand.

Ein Zeitgenosse berichtete von der Rettung einer Zimmermannsfamilie, die sich auf einen der Stadttürme, vermutlich den Westerturm, geflüchtet hatte. Als das Feuer zu nahe kam, seilten sich die Eltern ab. Zuvor aber steckte der Familienvater seine Kinder in einen Sack und warf sie vom Turm hinunter. Sie verdankten letztlich ihr Leben einem Baum, an dem sie hängen blieben.

Die damalige Brandbekämpfung steckte noch in den Kinderschuhen. Wichtigstes Löschmittel war der Eimer, der in jedem Haushalt gefüllt bereitstehen mußte. Wer als erster seinen Löscheimer zur Brandstelle brachte, wurde vom Rat mit einer Geldprämie belohnt. Darüber hinaus hatte jeder Neubürger einen Ledereimer im Rathaus abzuliefern. 1549 waren 80 Eimer, 1766 schon 1000 vorhanden. Sie hingen noch bis 1902 an der Decke der Rathauslaube. Im Ersten Weltkrieg wurden sie zu Schuhsohlen verarbeitet.

1852 kam es zu einer zweiten epochalen Brandkatastrophe. Entfacht wurde der „Große Brand" - wie er im Volksmund hieß - in einem Haus in der Jüdenstraße/ Ecke Unterhinterstraße am 19. September gegen 19 Uhr, bei der Zubereitung des Abendessens. Der offene Küchenherd grenzte unmittelbar an eine mit Stroh gefüllte Scheune. Unter heftig drehendem Wind wurden allein in der ersten Viertelstunde 20 Häuser vernichtet. Insgesamt verschlang das Feuer 108 Wohnhäuser und 162 Nebengebäude in der südlichen Oberhinterstraße, in Teilen der Unterhinterstraße, der Jüdenstraße, am Gropenmarkt und in der nördlichen Marktstraße vom Obertor bis zur Löwenapotheke. Diese blieb verschont, weil sich die Brandhelfer zum Abriß des davor stehenden Hauses entschlossen hatten. Blankes Entsetzten löste insbesondere das Übergreifen des Feuers auf Dach und Turm der katholischen Pfarrkirche St. Cyriakus aus: „…sehr bald bildete der majestätische Hauptturm nur noch eine himmelhohe Feuersäule. Es war dies ein grausiger, tief ergreifender Anblick - aber das durch die ungeheure Hitze verursachte Läuten der Glocken!!" beschreibt eine Zeitgenosse die schaurige Szenerie.

Daß das Gewölbe standhielt, war vor allem der Worbiser Feuerwehr zu verdanken, die über eine hochreichende Feuerspritze verfügte. Hilfe war auch aus anderen Städten herbeigeeilt. Besonders hervorgehoben wurde der Einsatz Clausthaler Bergleute. Nach dem Brand räumten sie den Schutt aus den Straßen und machten Duderstadt wieder passierbar.

Westerturm - verdrehter „Phoenix aus der Asche"

Dem mittelalterlichen Händler, der sich der Stadt Duderstadt von Westen her näherte, mag das Weichbild der Stadt mit seinen Kirchen, reichen Häusern, Türmen und Mauern wie das Paradies vorgekommen sein. Außerhalb der Stadt war das Leben gefährlich, da Raubritter immer wieder die Händler überfielen. In der Stadt war man sicher. Wachen an den Toren und Polizei in der Stadt sorgten für ungestörten Handel. Die Wirtschaftskraft der Stadt basierte wiederum darauf, daß sie attraktiv für die Händler war. So äußerten sich Reichtum und Sicherheit der Stadt in prächtigen Gebäuden und mächtigen Wehranlagen. Aus diesem Grund entschloß sich der Rat zum sofortigen und aufwendigen Wiederaufbau des Westerturms unmittelbar nach dem Brand von 1424, der fast die ganze Stadt in Schutt und Asche gelegt hatte. Prestige und Sicherheit waren so wichtig, daß alle anderen Baumaßnahmen zurückstehen mußten. Nachdem der Turm noch im 15. Jahrhundert mit einem Vortor verstärkt worden war, verlor er bereits zu Beginn des 16. Jahrhunderts - wegen der neuen Waffentechnik - seine Wehrfunktion. Diese übernahm ein äußeres Tor in einem 1506-1521 errichteten Wall, der die alten Befestigungsanlagen weiträumig umschloß.

Im 18. Jahrhundert wurde die Dachhaube erneuert und mit Schiefer eingedeckt. Dabei unterliefen den Konstrukteuren jedoch statische Fehler: Die Dachhaube drehte sich im Laufe der Zeit mehr und mehr und wurde so zu einem der Wahrzeichen Duderstadts. Im Volksmund hatte der Teufel diesen Turm verdreht - auf der Flucht vor „zänkischen Weibern".

Nachdem im 19. Jahrhundert fast alle anderen Stadttürme wegen Geldmangels abgerissen wurden, entging der Westerturm nur knapp diesem Schicksal und blieb der einzig erhaltene Stadttorturm Duderstadts.

Nach einem denkmalpflegerisch beispielhaften Entwurf durch den Göttinger Architekten Jochen Brandi wurde der Turm 2003/2004 saniert und sowohl wirtschaftlicher als auch touristischer Nutzung zugängig gemacht.

Links: Älteste Darstellung von Duderstadt (1518). Links oben: Der Westerturm von Westen mit der Marienstatue „Maria im Lindenzaun" im Vordergrund. Rechts: Frisch restauriert präsentiert sich das Wahrzeichen im August 2004. Rechts außen: Spiegelbrücke mit Westerturm; im Vordergrund die offene Brehme (1900).

Bessere Waffen, größerer Schutz - 100 Jahre Bauzeit für 3.000 Meter Wall

Im Jahr 1436 genehmigte Erzbischof Dietrich von Erbach den Duderstädtern den Bau einer neuen Wehranlage, die parallel zur Stadtmauer verlaufen und auch die Vorstädte mit einbeziehen sollte. Die Planungen erfolgten schnell, der Baubeginn ließ jedoch auf sich warten, denn für ein solches Vorhaben galt es, erhebliche Geldmittel aufzubringen. Erst um 1506 konnte mit dem Bau begonnen werden. Das gesamte Vorhaben zog sich über fast hundert Jahre hin.

Der neue Wall wurde im Abstand von hundert Metern um den alten Wall herum aufgeschüttet, um so eine größere Distanz zwischen der Stadt und möglichen Angreifern zu schaffen. Für die Aufschüttung wurde der Aushub aus einer vor dem Wall errichteten Grabenanlage verwendet. Der Wall war an der Sohle 20 Meter breit und bis zu sechs Meter hoch, der Graben 15 Meter breit und bis zu vier Meter tief. Zwinger schützten an den Eintrittsstellen der Wasserläufe den Zugang zur Stadt. Sie stellten eine Art Vorburg dar und regulierten außerdem durch Wehre den Zufluß zu den Wallgräben. Massive Toranlagen, die in den Wall eingelassen waren, sicherten die Zugangsstraßen zur Stadt. Damit verloren die Wehrtürme an der Stadtmauer und am inneren Wall ihre Bedeutung für die Verteidigung. Sie wurden als Wohnraum vermietet und schließlich mit Ausnahme des Westertors abgerissen. Wie die innere Befestigungsmauer hatte auch der neue Wall zunächst nur drei Tore, (das äußere Ober-, Stein- und Westertor), die mit beweglichen Zugbrücken versehen waren. An den äußeren Toren standen in geringem Abstand noch runde, mit Geschützen armierte Türme. Nach Fertigstellung auch des äußeren Neutors 1584 führten die Stadtzugänge durch vier Graben- oder Walltore sowie vier dahinter liegende Mauertore.

Während die innere Mauer eine Länge von 1.700 Metern aufwies, umgab nun ein Befestigungsring von rund 3.000 Metern die Stadt. Die zwischen dem neuen Wall und der alten Stadtmauer gelegenen Gebiete ließen sich trefflich durch das Anlegen von Gärten und Wiesen nutzen und sind in Teilen bis heute erhalten.

1632, also mitten in Dreißigjährigen Krieg, wurden die Wall-Eckpunkte noch einmal durch die Errichtung von fünfeckigen Bastionen verstärkt. Der schwedische General Königsmarck ließ den Wall 1643 an verschiedenen Stellen schleifen. 25 Jahre später wurde er auf Geheiß des Erzbischofs Johann Philipp von Schönborn wieder aufgebaut. Die letzten Ausbaumaßnahmen der Verteidigungsanlagen - Brustwehren und vorgelagerte Schanzen - folgten im Verlauf des Siebenjährigen Krieges. 1761 sprengten die Franzosen das Neutor, und mit Ende des Krieges war der Wall militärtechnisch gesehen endgültig überflüssig geworden. Er wurde mit Kastanien und Linden bepflanzt und zu einer Promenade ausgebaut. Die Gräben dienten der Fischzucht, an den Wallhängen gedieh Hopfen und weidete Vieh. Zu Beginn des 19. Jahrhunderts wurden dann die Walltore abgerissen. Heute umschließt die Wallanlage, die seit 1926 geschützt ist, Duderstadt als Grüngürtel und bietet einen beliebten Spazierweg mit Ausblicken auf den Stadtkern.

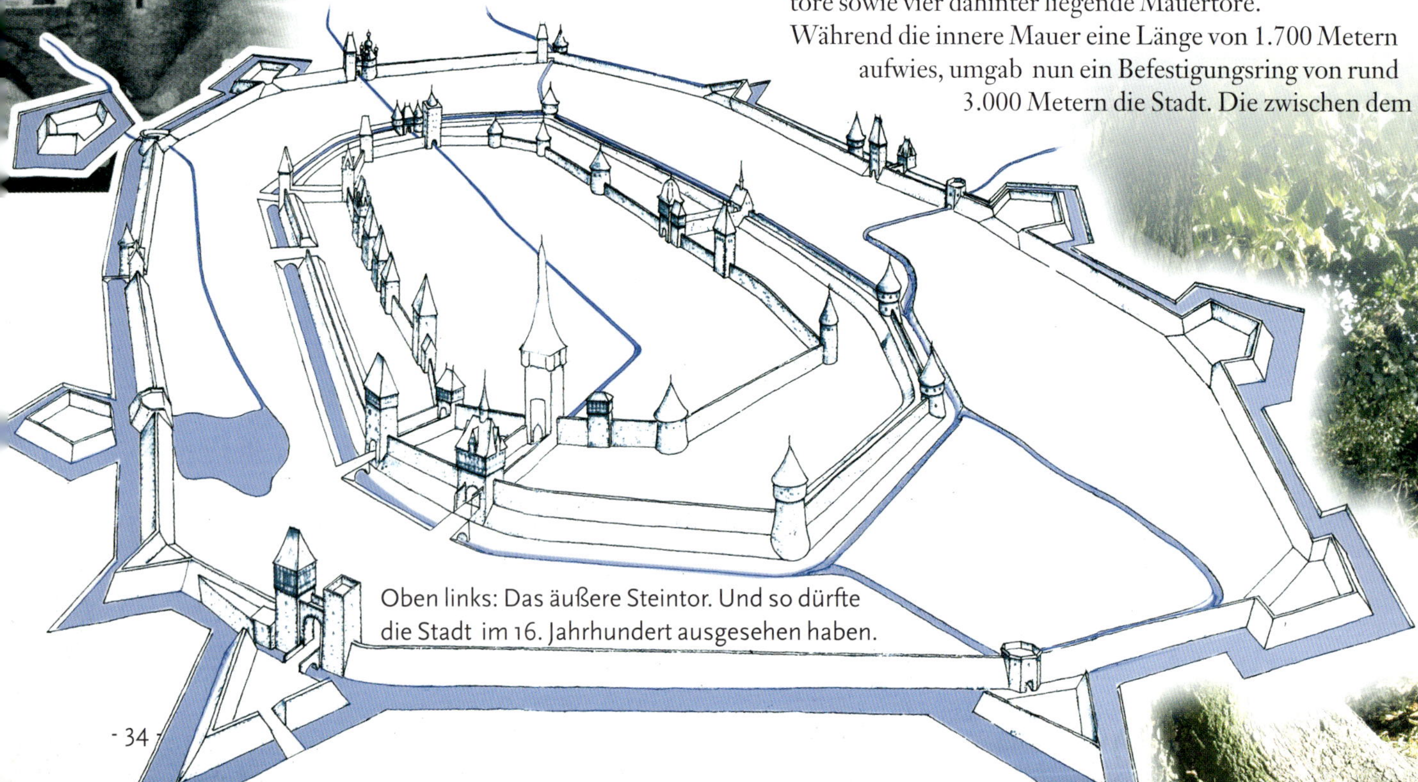

Oben links: Das äußere Steintor. Und so dürfte die Stadt im 16. Jahrhundert ausgesehen haben.

Wo Bastionen vor Feinden schützten, atmet heute ein grüner Ring. Duderstadts Wälle zeigen insbesondere aus luftiger Perspektive ihre wehrhafte Funktion im Mittelalter ebenso wie den Grüngürtel, der damals zwischen der äußeren und inneren Befestigung zur Versorgung der Bevölkerung entstand. Besucher der Stadt erfahren beim Gang über die Wälle viel: Gut gestaltete Tafeln informieren über Geschichte, Bau der Anlagen und die Vegetation heute.

Zeit-Sprung 1460 / 2004. Junker Sebastian und Edelfräulein Johanna sind von der Burg Greifenstein zur Burg Gleichenstein geritten, um einen Jagdfalken zu kaufen. Mit großem Wohlwollen stellen sie fest, daß der neue Falkner sein Angebot an Greifvögeln beträchtlich erweitert hat: Sollen sie sich nun für einen Falken oder einen Bussard entscheiden? Und kann man auch mit Eulen auf die Jagd gehen?

Schnitzer und Steinbildhauer

Einer der berühmtesten Söhne des Eichsfeldes ist der Bildhauer und -schnitzer Tilman Riemenschneider (unten rechts). Sein Vater, der Münzmeister Tile Riemenschneider, mußte Heiligenstadt zwischen 1465 und 1466 wegen der Teilnahme an einer Mainzer Stiftsfehde verlassen und verlor dadurch seinen gesamten Besitz. Die Familie siedelte nach Osterode am Harz um, wo Tilman seine Kindheit und Jugend verbrachte. Obwohl deshalb auch Osterode den Künstler für sich in Anspruch nimmt, steht nach neueren Erkenntnissen fest, daß Riemenschneider um 1460 in Heiligenstadt geboren wurde. So weist eine Inschrift aus dem Meißel des Künstlers auf einer Lindenholzfigur des Apostels Matthias auf einen Obereichsfelder Dialekt hin.
Um 1474 begann Tilman eine Lehre als Schnitzer und Steinbildhauer und ging anschließend auf Wanderschaft, die ihn über Erfurt nach Schwaben und an den Oberrhein führte. Am 7. Dezember 1483 nahm ihn die St.-Lucas-Gilde in Würzburg auf, zwei Jahre später führte er bereits den Titel „Meister“. Riemenschneider machte Karriere in der Stadt: Zunächst Mitglied des Ratskollegiums, dann des Oberen Rates, trug man ihm 1520 das Amt des Bürgermeisters an. Dazu verhalf ihm auch die Einheirat in einen bestehenden Handwerksbetrieb.
In Würzburg schuf er im Übergang von der Spätgotik zur Renaissance seine bedeutendsten Werke. Seine Skulpturen zeichnen sich durch ausdrucksstarke Gesichter mit einem oft nach innen gerichteten Blick aus, wobei er besonders Wert auf eine Licht und Schatten werfende Gestaltung der Gewandung legte. Dieses machte die sonst übliche Bemalung der Figuren entbehrlich. Stark beeinflußt war sein Werk vom holländischen Realismus.
Wegen seiner Parteinahme für die aufständischen Bauern und seiner kritischen Haltung der adeligen Geistlichkeit gegenüber schloß der Rat nach der Niederschlagung des Aufstands 1525 Riemenschneider aus seinen Reihen aus. Er geriet für zwei Monate in der Marienfeste in Haft.
Der Lebensweg dieses bedeutenden Künstlers endete am 7. Juli 1531 in Würzburg als begüterter Mann und Inhaber einer gut florierenden Werkstatt mit zahlreichen Schülern, die sein Sohn Jörg weiterführte.

Zeit-Zeichen

1255
Prag erhält Stadtrecht.
1262
Grönland wird von Norwegen erobert.
1267
Erfindung der Augengläser für Weitsichtige.
1271
Marco Polo reist nach China.
1313
Schwarz erfindet das Schießpulver.
1337
Erste regelmäßige Wetterbeobachtung in Oxford.
1348
Pestepidemie mit 25 Millionen Toten in Europa.
1348
Gründung der ersten deutschen Universität in Prag.
1351
Das Aztekenreich mit Hauptstadt Tenochtitlan entsteht in Mexiko.
1383
John Wiclif übersetzt das Neue Testament ins Englische.
1397
Athen wird von den Türken erobert.
1445
Gutenberg erfindet den Buchdruck mit beweglichen Lettern.
1480
Leonardo da Vinci beschreibt den ersten Fallschirm.
1492
Columbus entdeckt Amerika.

Hausbau aus Fachwerk - Jahrhunderte lang bewährt

Die Duderstädter Innenstadt mit ihren 600 Fachwerkhäusern - sie ist ein lebendes Bilderbuch zur Fachwerkgeschichte. Ab etwa 1510 haben Konstrukteure fünf Jahrhunderte lang die Holzbauweise favorisiert und so ein beeindruckendes Nebeneinander verschiedenster Stilepochen hinterlassen. Bei der Fachwerkkonstruktion vollzog sich die erste entscheidende Bauphase auf dem Zimmer- oder „Abbundplatz“ vor den Toren der Stadt. Hier wurden die Hölzer bearbeitet und auf dem Boden liegend „abgebunden“, das heißt zusammengesetzt. Eingeritzte Markierungen, generell in Form römischer Ziffern, ermöglichten die korrekte Zuordnung der Balken beim Aufstellen des Gerüstes am endgültigen Standort. Die Zwischenräume der Balken, die Gefache, füllten die Handwerker mit Weidengeflecht und Lehmbewurf, der sich bei Regen ausdehnte und so für die notwendige Abdichtung der Wände sorgte. Die natürlichen Baustoffe des Fachwerks garantierten ein günstiges Raumklima, nicht zuletzt unerläßlich für die richtige Reife der berühmten Wurstspezialität - der Eichsfelder Kälberblase. Die ältesten Duderstädter Bürgerhäuser aus dem frühen 16. Jahrhundert, von denen noch rund 20 erhalten sind, lassen deutlich ablesen, daß in den engen mittelalterlichen Städten ein Bauen in die Höhe erforderlich war. Lange Ständer reichen über zwei Geschosse; darauf sitzt ein weit vorkragendes, von dicken „Knaggen“ abgestütztes Stockwerk. So konnte trotz kleiner Parzellen auch der Luftraum noch genutzt werden.

Links: Dieser „Neidkopf“ schmückt die Steinstraße 2. Ein Blick in die Geschichte: Die Oberhinterstraße mit diversen Fachwerkstilen (unten).

Fachwerk-Epochen:

Die an Konstruktionsweise und ornamentaler Gestaltung ablesbare Entwicklung des Fachwerkbaus vollzieht sich regional unterschiedlich und in fließenden Grenzen. Für das Duderstädter Fachwerk lassen sich folgende Zeitabschnitte festlegen:

Gotik	1510-1550
Frührenaissance	1550-1600
Renaissance	1600-1650
Barock	1650-1780
Klassizismus	1780-1870
Gründerzeit/Jugendstil	1870-1920

Die Reformation - Luthers Thesen sorgen im Eichsfeld für Wirbel

Die von Martin Luther ausgehende neue christliche Lehre, bei der er sich kritisch mit kirchlichen Mißständen, vor allem mit dem Freikaufen von Sünden (Ablaßhandel), auseinandersetze, hatte ab 1517 bereits in den hessischen, thüringischen, sächsischen und braunschweigischen Territorien Anhänger gefunden und drang von dort aus ins Eichsfeld vor. Bereits 1523 predigte in Duderstadt der Vikar Johannes Brandenburg auf lutherische Art, mußte jedoch bald auf Befehl des Erzbischofs die Stadt verlassen. Gegen die beiden neu eingesetzten Vikare protestierte der Duderstädter Rat - jedoch vergebens. In den nächsten Jahren gab es in der Stadt zwar keine lutherischen Gottesdienste, aber eine Anzahl protestantisch gesinnter Bürger. Diese besuchten lutherische Gottesdienste im welfischen Grubenhagen oder in den thüringischen Orten Bodenstein, Wehnde und Tastungen. Dort hörten sie die Messe in deutscher Sprache und empfingen den „Laienkelch", also die Kommunion in Form von Hostie und Wein. Der Rat der Stadt duldete dieses sogenannte „Auslaufen", und auch die weltliche und geistliche Obrigkeit des Eichsfelds ergriff dagegen zunächst keine Maßnahmen. Auch in Heiligenstadt hatte die lutherische Lehre zu dieser Zeit Anhänger gefunden. Zu ihnen gehörte 1529 auch Liborius Herbst, einer der Bürgermeister. Auch zahlreiche Angehörige des eichsfeldischen Adels - vor allem die Familien von Hagen und von Hanstein - waren bereits Anhänger der neuen Konfession. Nun nahmen sie für sich in Anspruch, diese auch in den ihnen unterstehenden Dörfern durchzusetzen, indem sie die dortigen Pfarreien mit Prädikanten, also lutherischen Predigern, besetzten. Die Verhältnisse begannen sich erst zu ändern, als Sebastian von Heusenstamm zum Mainzer Erzbischof gewählt wurde. Als erstes ließ er eine Visitation durchführen und ermahnte1548 den Duderstädter Rat, die „verbotene Lehre" abzuschaffen. Zum eigentlichen Konflikt kam es, als die Stelle des Pfarrers an der Kirche St. Cyriakus (unten links) neu besetzt werden mußte. Während der Erzbischof einen katholischen Priester einsetzen wollte, unternahm der Stadtrat mehrere Versuche, lutherische Prädikanten auf der Stelle zu etablieren. Es kam zu einem längeren Machtkampf zwischen Erzbischof und Rat, wobei die Duderstädter in der Wahl ihrer Mittel nicht zimperlich waren: Bei den Predigten von katholisch gesinnten Stadtpfarrern blieb die Kirche leer, oder man warf ihnen die Scheiben ein. Einem legten sie gar eine Dirne ins Bett, um ihn zu kompromittieren. 1558 gelang es dem Rat schließlich doch, mit Georg Stael den ersten lutherischen Pfarrer in Duderstadt einzusetzen. Duderstadt hatte sich damit eindeutig gegen die Ordnung des Augsburger Religionsfriedens von 1555 hinweggesetzt. Dieser sicherte den Anhängern des evangelisch-lutherischen Bekenntnisses zwar die volle Gleichberechtigung neben dem katholischen zu, es galt jedoch „Cuius regio, eius religio" (Wessen Land, dessen Glaube). Nicht der einzelne Gläubige konnte also über seine Religionszugehörigkeit entscheiden, sondern der jeweilige Landesherr bestimmte diese für sein gesamtes Territorium.

Ablaßhandel

Heiligenstadt dagegen war auch nach 1545 offiziell katholisch geblieben. Seit 1555 griffen protestantische Neuerungen auf die Pfarrkirchen St. Ägidien und St. Marien über, in denen nun auch die Kommunion nach lutherischem Ritus ausgeteilt wurde. 1556 weigerte sich der Stadtrat, an der Prozession zu Ehren der Stadtpatrone teilzunehmen. Und auch hier ließ es der Rat auf einen Konflikt mit dem Mainzer Erzbischof ankommen. Wie in Duderstadt kam es zu lang andauernden Auseinandersetzungen um die Besetzung der Pfarrstellen. Um 1575 war schließlich nur noch eine Minderheit der Heiligenstädter dem katholischen Glauben verbunden.

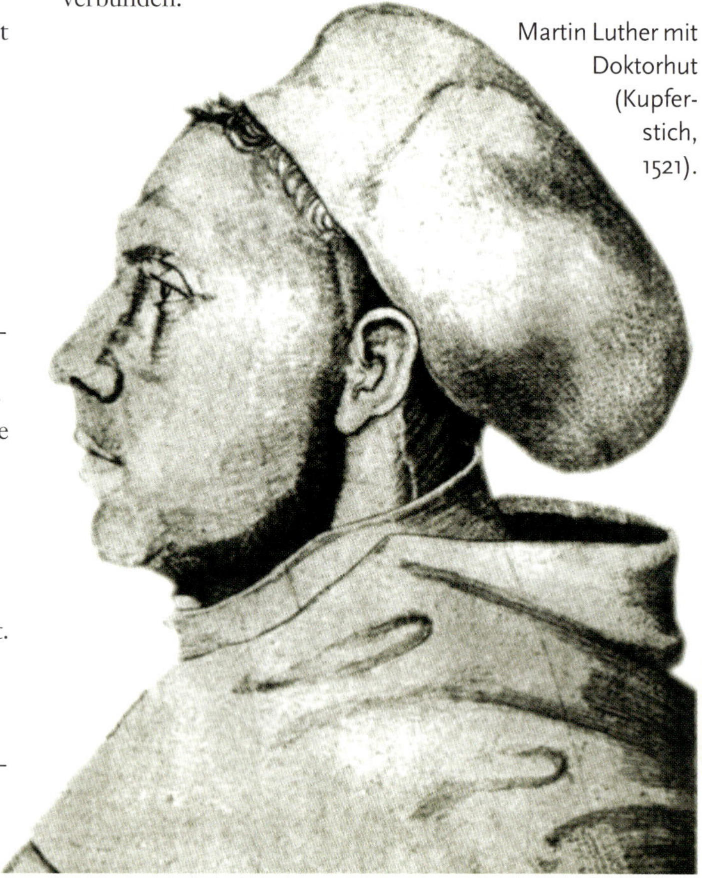

Martin Luther mit Doktorhut (Kupferstich, 1521).

Die Stadtkirchen - Zeugnis von Reichtum und Gläubigkeit

Kirchenbauten gehörten wie Rathaus und Stadttürme zu den klassischen Prestigeobjekten der mittelalterlichen Stadt. Und obwohl der Höhepunkt ihrer wirtschaftlichen Blüte bereits überschritten war, setzte die Stadt alles daran, mit Hilfe finanzkräftiger Bürger den zweiten großen Kirchenneubau, St. Servatius (unten rechts), bis 1520 zu beenden. Seit Baubeginn der Kirche in der zweiten Hälfte des 14. Jahrhunderts wurden die hellen Sandsteine in mühevoller Arbeit aus dem Ohmgebirge herangeschafft. Eine noch längere Zeit, von etwa 1250 bis 1490, hatte der Bau von St. Cyriakus (unten links), der anderen großen Stadtkirche am östlichen Ende der Marktstraße, in Anspruch genommen.
Heute gelten die Gotteshäuser als städtebauliche Gegenstücke jeweils an den Enden der breiten Hauptstraße. Historisch gesehen markieren die Standorte der beiden Kirchen jedoch die ehemaligen Zentren aus denen die Stadt zusammengewachsen ist: den Königshof im Westen und die Marktsiedlung im Osten.
Im Laufe dieses Prozesses hat sich der kirchliche Schwerpunkt offenbar auf die Cyriakuspfarrei verlagert, denn St. Servatius wird 1291 als „inferior ecclesia“ beziehungsweise später als „nedere kerke“ (1436/37) eingestuft. Bis heute hat sich die begriffliche Unterscheidung von „Unterkirche“ und „Oberkirche“ erhalten, wobei aber wohl eher die unterschiedliche Höhenlage mitschwingt.
Die Oberkirche ist heute Propsteikirche und wird volkstümlich auch als „Eichsfelder Dom“ bezeichnet. Durch Reformation und nachfolgende Glaubenskämpfe erlebten beide Kirchen einen ständigen Konfessionswechsel. Gemäß des Glaubens der jeweiligen Stadtbelagerer wurden die Gotteshäuser mal den Katholiken, mal den Protestanten zugesprochen. Erst 1808 unter Jérôme Bonaparte, der inzwischen das Eichsfeld von seinem westfälischen Königreich aus regierte, wurde die St. Servatiuskirche den Evangelischen endgültig übergeben. Bautechnisch vertreten beide Kirchen den spätgotischen Typ der Hallenkirche, bestimmt durch die Zusammenfassung der Langhausschiffe unter einem gemeinsamen Dach. Als architektonische Besonderheit verfügt die St. Cyriakuskirche über eine Höhendifferenz zwischen Langhaus (15 Meter) und Chor (18,5 Meter). Als einziges gotisches Inventarstück von St. Servatius hat das sandsteinerne Epitaph der Familie von Wehren (1383) den Stadtbrand von 1915 überstanden.

St. Martini

Vor den Toren der Stadt, in Richtung Göttingen, liegt die St. Martini-Kapelle, ein kleiner gotischer Bau mit schiefergedecktem Dachreiter und schlichtem tonnengewölbten Langhaus, errichtet 1443 im Zusammenhang mit dem bis heute hier ansässigen St. Martini-Hospital. Den Schnitzaltar aus der Erbauungszeit der Kapelle fand man erheblich beschädigt vor; er wurde 1854 der St. Cyriakuskirche übergeben. Nach der jüngsten Restaurierung 1995 ist die Kapelle mit einem neogotischen Altar aus Eichenholz ausgestattet.

Oben links: Dämonisches Detail vom Gildeleuchter der Schneider, St. Cyriakus. Oben: Schlußstein, St. Servatius.

„Im Namen der der Freiheit"

Nicht zuletzt durch Martin Luthers Schrift „Von der Freiheit eines Christenmenschen" (unten links) befördert, entstand in Deutschland eine Freiheitsbewegung, in der sich die verarmten Bauern (unten rechts) gegen ihre Rechtlosigkeit und gegen die zu leistenden Frondienste den Feudalherren gegenüber auflehnten. Zunächst im Süden, dann auch im Norden Deutschlands sammelten sie sich unter meist demagogischen Führern, bewaffneten sich und stellten mit ihren „Haufen" eine ernstzunehmende Gefahr für die Landesherren dar.

In Thüringen wurde die freie Stadt Mühlhausen zum Zentrum des Bauernkrieges. Dort trafen zwei Anführer der Aufstände, Heinrich Pfeiffer und Thomas Müntzer (links) zusammen: Pfeiffer war ein entlaufener Mönch aus dem Kloster Reifenstein, Thomas Müntzer ein protestantischer Theologe, der bereits an den Aufständen der Bauern in Süddeutschland teilgenommen hatte. Zwei charismatische Führer bündelten 1524 ihre Kräfte in Mühlhausen. Gemeinsam erreichten sie die Absetzung des alten Stadtrats und übernahmen die Macht. Beide Prediger riefen zum Kampf auf und ermutigten die Bauern der Umgebung, sich im Eichsfeld zu sammeln. Die Klöster Anrode und Zella, Reifenstein und Beuren, Worbis und Teistungenburg wurden geplündert und eine Reihe von Adelssitzen heimgesucht. Im Mai 1525 eskalierten die Unruhen.

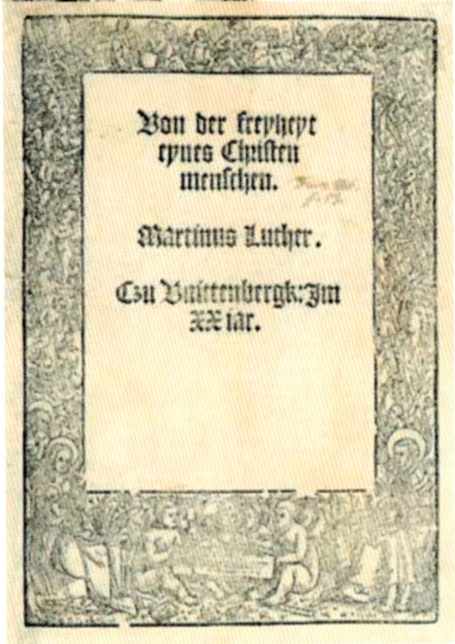

Von der freyheyt eynes Christen menschen.

Martinus Luther.

Czu Wittenbergk: Im XX iar.

1. Mai: Die Eichsfelder vereinigen sich bei Orschel mit dem „Thüringer Haufen". Von hier beginnt der Zug durch das Eichsfeld mit dem Ziel Heiligenstadt.

2. Mai: Das Bauernheer bleibt vor Heiligenstadt stehen. Nur Müntzer, Pfeiffer und etwa 30 Mitstreiter werden in die Stadt gelassen. Vor der Liebfrauenkirche hält Müntzer eine derart zündende Predigt, daß aufgebrachte Bürger das St. Martins-Stift stürmen und plündern. Der Rat der Stadt verspricht, den „katholischen Kultus" abzuschaffen.

Das nächste Ziel des Bauernheeres ist die Hauptstadt des Untereichsfelds, Duderstadt. Die Duderstädter hatten sich schon zu Beginn der Bauernkriege geweigert, dem Kurfürsten zu Mainz in seinem Kampf gegen die Aufständischen beizustehen. Damit hatte die Stadt bereits eine gewisse Vorleistung den Bauern gegenüber erbracht.

4. Mai: Die Aufständischen erreichen die Stadt. Müntzer und Pfeiffer quartieren sich in der Kirche zu Gerblingerode ein. Bürgermeister Heinrich Hesse und Mitglieder des Rates verhandeln erfolgreich mit den Anführern. Duderstadt wird nicht besetzt, verpflichtet sich aber wohl zu Lieferungen.

5. Mai: Das Heer zieht Richtung Worbis weiter, Kloster Worbis, die Harburg und das Kloster Gerode werden in Schutt und Asche gelegt. Weiter geht es nach Frankenhausen, die Eichsfelder Bauern bleiben jedoch im Land zurück.

15. Mai: Das Bauernheer wird durch die vereinten Kräfte verbündeter Fürsten - Heinrich von Braunschweig, Herzog Georg von Sachsen und Landgraf Philipp von Hessen - vernichtend geschlagen. Tausende Aufständische werden getötet, Müntzer und Pfeiffer gefangengenommen und enthauptet.

Luthers Schrift führte in ganz Deutschland zu blutig niedergeschlagenen Bauernaufständen.

Erzbischof Albrecht von Mainz befahl nun dem Welfen Heinrich von Braunschweig-Wolfenbüttel (genannt „der schlimme Heinz") militärische Strafaktionen gegen die Städte Heiligenstadt und Duderstadt. Sie mußten alle Geschütze abliefern und die Gilden auflösen, die als Unruheherde angesehen wurden. Den Ratssitzungen stand nun der Schultheiß als kurfürstlicher Beamter vor. Und nicht zuletzt mußte Duderstadt fünf Kespeldörfer an den Erzbischof von Mainz abtreten. 1526 schrieb Kurfürst Albrecht von Mainz diese Einschränkungen der städtischen Privilegien in der sogenannten Albertinischen Ordnung fest, die in wesentlichen Teilen bis 1802 Bestand haben sollte.

Kleinod: Ältestes erhaltenes Rathaus Deutschlands

Im Schutze des Könighofes (im Bereich der Servatiuskirche) entstand sehr früh eine Marktsiedlung mit einem Marktplatz zur Versorgung der umliegenden Gegend. Da die Marktsiedlung nicht unabhängig von dem Königshof war und nur wenig Gemeinschaftsaufgaben notwendig waren, existierte nur ein kleines Versammlungshaus (Rathaus) das zumindest zum großen Teil aus Stein gebaut war. Wichtige Urkunden konnten darin feuergeschützt untergebracht werden.

Dieser Vorgängerbau des heutigen Rathauses könnte bereits Mitte des 12. Jahrhunderts gebaut worden sein. Er lag im Zentrum eines rechteckigen Platzes, an dem sich die wichtigen Fernhandelsstraßen kreuzten. Dieser Platz wurde als Marktplatz genutzt.

Als Siedlungsdichte und Handel Duderstadts immer mehr zunahmen, wurde der Bau einer Verkaufshalle (Couphus) notwendig, um die Waren wetterunabhängig zu verkaufen. Nach einem planerischen Hin und Her entstand um 1300 ein 30 Meter langes und 15 Meter breites zweistöckiges Gebäude mit Satteldach an der Nordseite des alten Rathauses (unten links). Während das Untergeschoß zu Verkaufzwecken benutzt wurde, diente das Obergeschoß des Kaufhauses als Festsaal für Empfänge und Feiern.

Ab 1530 wurde das Couphus umgebaut (unten rechts). Auf der Nordseite entstand eine steinerne Laube, die unter anderem auch als Gerichtsort genutzt wurde. Das alte Satteldach wurde entfernt und durch einen Fachwerkaufbau ersetzt, der mit seinen drei Türmen dem Gebäude sein heutiges charakteristisches Aussehen gab (rechts). 1539 waren die Arbeiten abgeschlossen. In den Jahren 1673/74 folgte eine weitere Verschönerung: Die Überdachung der Rathaustreppe mit holzgeschnitzten Skulpturen (Krieger, Justitia und Glaube-Hoffnung-Liebe) von Andreas Georg Kersten. Die Bezeichnung „Rathaus" für den gesamten Gebäudekomplex - Couphus mit Laube und Rathaus - bürgerte sich seit Ende des 15. Jahrhunderts ein. Da durch den Bau sehr viel Raum des Marktplatzes verloren gegangen war, verlagerten sich die Wochen- und Jahrmärkte auf die Breite oder auch Herrenstraße, die heutige Marktstraße; lediglich der Töpfermarkt (Gropenmarkt) blieb am Ursprungsort bestehen.

Nach neuesten Forschungen des Niedersächsischen Amts für Denkmalpflege ist das Duderstädter Rathaus das älteste erhaltene Deutschlands.

Wanderer auf der Suche nach heiliger Hilfe

Seit Jahrhunderten gehören Wallfahrten zum festen Bestandteil des Glaubens im Eichsfeld, und so beinhaltet der jährliche Wallfahrtskalender zahlreiche Termine. Für Außenstehende gleicht eine solche Pilgertour zunächst einer Wanderung. Im Gegensatz zum „einfachen" Wandern hat der Wallfahrende einen Ort als Ziel, an dem er die Hilfe eines Heiligen erfahren möchte. Ähnliches gibt es auch in anderen Religionen. Muslime sollen mindestens einmal im Leben die heiligen Stätten ihres Glaubens aufsuchen: Mekka und Medina. Hindus pilgern, zum Teil auf Knien, an den Ganges. Juden reisen zur Klagemauer, welche vom Tempel in Jerusalem übriggeblieben ist.

Im Jahr 1555, als die Pest im Eichsfeld wütet, beginnen die Wallfahrten zum Etzelsbach erneut, obwohl hier nur ein Bildstock existiert. Eine erste Erwähnung von Etzelsbach in diesem Zusammenhang findet sich bereits 30 Jahre zuvor im Schadensbericht des Beurer Zisterzienserinnenklosters. Dort heißt es, daß *„unser Liben Frauenkerchen zu Etzelßpache und des bruders huße abgebrannt"* sei. Nach Wiederaufnahme im Pestjahr folgt nur noch eine Unterbrechung während des Dreißigjährigen Krieges. Heute ist Etzelsbach vor allem bekannt durch die Pferdewallfahrt (unten), die anläßlich des Festes „Mariä Heimsuchung" am zweiten Sonntag nach dem Festgeheimnis gefeiert wird. Nach dem Hochamt werden Pferde und auch andere Tiere, die die Bewohner aus den umliegenden Dörfern und Städten mitführen, gesegnet.
Bis zu 15.000 Gläubige pilgern alljährlich am ersten Sonntag im Juli nach Germershausen. Das dortige Gnadenbild wird vor einem Freialtar aufgestellt, weshalb diese Wallfahrt den Namen „Maria in der Wiese" erhielt. Die Marienstatue kann auf Mitte des 15. Jahrhunderts datiert werden. Am ersten Sonntag im September ist die Kirche (Seite 43/ links unten) Ziel einer Männerwallfahrt.

Frauen unternehmen seit 1960 am Sonntag nach „Christi Himmelfahrt" ihren eigenen heiligen Gang zum Kerbschen Berg (rechts oben). Auf dem Berg, der eventuell schon 974, sicher aber 1134 erstmals erwähnt wird, stand anfangs eine dem Heiligen Martin geweihte Kirche, die zu den ältesten des Eichsfeldes zählte.
Weitere wichtige Pilgertouren führen zum Hülfensberg (Seite 6), und zum Klüschen Hagis. Der 448 Meter hohe Hülfensberg ist mit Abstand der älteste und bedeutendste Wallfahrtsort des gesamten Eichsfeldes. Seine religiöse Nutzung beginnt als Kult- und Opferstätte bei den Germanen, wie Funde aus der Zeit um Christi Geburt bestätigen. 1360 wird die erste Pfarrkirche errichtet. Seit 1933 ragt das zu Ehren des Paderborner Bekennerbischofs errichtete Dr.-Konrad-Martin-Kreuz mehr als 20 Meter in die Höhe, welches im geteilten Eichsfeld starke symbolische Bedeutung errang, da der Hülfensberg im ehemaligen Grenzgebiet nicht erreichbar war. „Als Ersatz" zogen die Pilger zu Tausenden zum kleinen Klüschen Hagis, das zwischen Martinfeld und Wachstedt im Wald liegt. Das Bildnis der Schmerzensmutter ist das Ziel.

Selten in Deutschland sind die Josefswallfahrt, die im März in Renshausen stattfindet, sowie die Ignatiuswallfahrt, die immer am Sonntag nach dem Namensfest des Heiligen Ignatius von Loyola, Ordensgründer der Jesuiten, zur Kapelle in Wingerode führt.

Am Palmsonntag, mit dem die Karwoche beginnt, erleben Besucher Heiligenstadts ein besonders beeindruckendes Schauspiel: die Leidensprozession. In alter Tradition seit 1734 tragen Männer aus Heiligenstadt und Umgebung sechs überlebensgroße Bilder, welche die Leidensgeschichte Christi darstellen, durch die Straßen. Die Ehre, die Kreuzigungsszene zu tragen, gebührt seit den 50er Jahren des 20. Jahrhunderts Männern aus Westhausen (Seite 42/ links oben). Tausende Teilnehmer begleiten den Zug singend und betend, während ebenso viele Zuschauer den Rand der rund sechs Kilometer langen Strecke durch die Altstadt säumen. Prozessionen in dieser Größenordnung sind sonst nur im südeuropäischen und -amerikanischen Raum zu finden.
Darüber hinaus gibt es noch weitere außergewöhnliche Prozessionen im Eichsfeld wie die zur Hardt-Kapelle in Worbis und die Georgs- sowie Pestprozession in Küllstedt. Ebenfalls ihren Ursprung in der Pestzeit hat jene zur Rochus-Kapelle in Worbis.

„Schwarzer Tod" macht sich im Eichsfeld breit

Im Jahr 1347 war vom Schwarzen Meer aus über die Mittelmeerhäfen und die großen Schiffahrtswege eine Seuche nach Mitteleuropa vorgedrungen, die bis zum Ende des Mittelalters fast 30 Prozent der damaligen Bevölkerung Europas dahinraffen sollte - die Pest.
Um sich vor dieser hoch ansteckenden Seuche zu schützen, griffen die Menschen nach allen erdenklichen Mitteln, die von Gebeten und Prozessionen über vielerlei Arzneien und Duftstoffe bis hin zu Amuletten und Zauberei reichten. Noch war der eigentliche Auslöser der Krankheit unbekannt; denn der Pestbazillus, der durch Flöhe über Ratten auf den Menschen übertragen wird, wurde erst 1894 entdeckt. So versprachen zunächst lediglich die Isolierung der Kranken, die rasche Bestattung der Verstorbenen und die Vernichtung der infizierten Besitztümer einigen Erfolg bei der Eindämmung der Seuche. Wurden Pestfälle bekannt, so versuchte man, durch eine Unterbindung des Verkehrs mit den betroffenen Orten die Ausweitung der Krankheit zu verhindern.
Trotz dieser Vorsichtsmaßnahmen kam es im 15. und vor allem im 16. Jahrhundert wiederholt zu Pest-Epidemien, so zum Beispiel 1555 im Kreis Gerode oder 1597 in den Bezirken Duderstadt und Heiligenstadt. 1682 folgte ein weiterer verheerender Ausbruch der Seuche im Eichsfeld: Im August 1681 hatte die Pest - von Prag ausgehend - Halberstadt erreicht. Entgegen den sofort erlassenen Verordnungen zogen drei Duderstädter heimlich dorthin, um Tabak zu verkaufen. Sie infizierten sich mit der Pest und brachten die Seuche zurück nach Duderstadt, wo sie ein Jahr lang wütete und 700 Opfer forderte. Obwohl die Stadt unter Quarantäne gestellt war, kam es wiederholt zu Kontakten mit umliegenden Dörfern, so daß die Pest schließlich auch auf diese und auf Worbis übergriff. Innerhalb Duderstadts wurden die Häuser der Erkrankten mit Pest-Warnzeichen gekennzeichnet und – nach dem Tod der Bewohner – vernagelt. Es kam aber immer wieder vor, daß Angehörige oder Plünderer in diese Häuser eindrangen und die infizierte Habe der Verstorbenen an sich brachten, was weitere Ansteckungen zur Folge hatte. Sogar in der Apotheke brach die Pest aus, so daß der Rat eine zweite, die Löwenapotheke, einrichten ließ. 1683 ist für Duderstadt der letzte Pesttote zu verzeichnen. Im selben Jahr starben in Worbis noch 465 Bewohner an der Seuche, die allein im Amt Bischofstein 1.700 Opfer gefordert hatte.

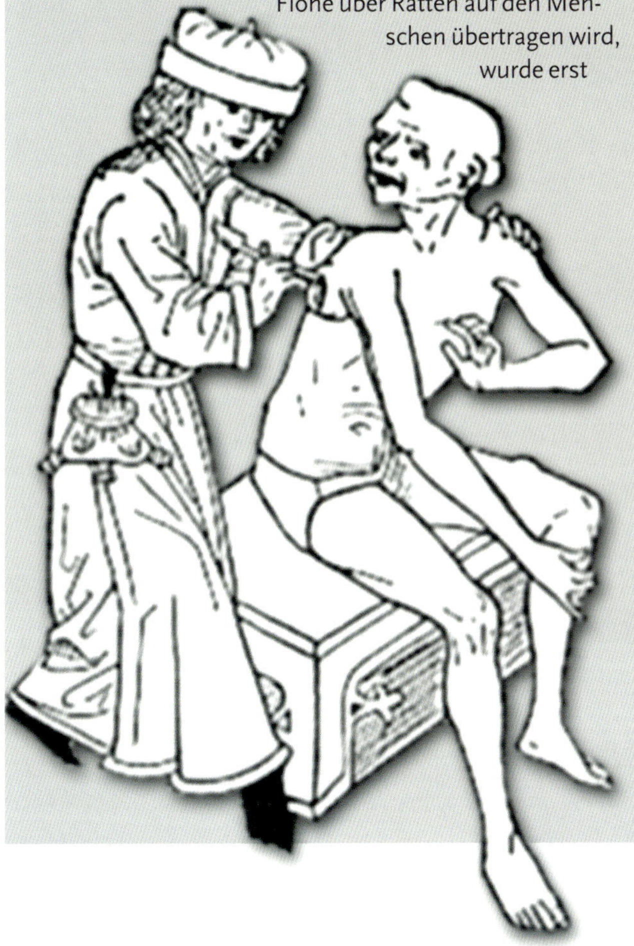

Geringe Heilungschancen: Ein Arzt versorgt die Pestbeule eines Patienten (links).

Mainzer Gegenschlag: „Falsch gebetet" - Bier gebannt

Mit der Abkehr vom katholischen Glauben im Zuge der Reformation hatte das Eichsfeld deutlich Position gegen seinen geistlichen und weltlichen Landesherrn bezogen, den Erzbischof von Mainz. Wollte dieser seine Macht über die Region nicht vollends einbüßen, so mußte er zu Gegenmaßnahmen greifen. Diese begannen, als sich Erzbischof Daniel Brendel von Homburg 1574 anschickte, das Eichsfeld für zwei Monate zu bereisen.

Neben Heiligenstadt nahm er besonders die Verhältnisse in Duderstadt ins Visier. Er setzte die beiden lutherischen Prädikanten ab und bestellte Gabriel Schilling zum neuen katholischen Stadtpfarrer. Die Duderstädter aber führten noch im selben Jahr Johann Stael als neuen evangelischen Prediger ein. Schilling mußte diesem die Pfarrkirche St. Cyriakus überlassen und sich mit der Servatiuskirche zufrieden geben. Schon 1575 sah sich Mainz erneut gezwungen, eine Kommission ins Eichfeld zu schicken, um die dortigen Verhältnisse zu untersuchen. Dabei leistete der Duderstädter Rat erheblichen Widerstand: Er verweigerte den kurfürstlichen Visitatoren der Zugang zur Cyriakuskirche. Diese setzten im Gegenzug Pfarrer Schilling wegen ungebührlichen Lebenswandels ab und schickten ihn zunächst ins Kloster Reifenstein, später sogar als Gefangenen auf den Rusteberg.

Der Erzbischof, der sich bisher milde gezeigt hatte, reagierte nun mit Strenge: Allen Eichsfeldern wurde verboten, Duderstädter Bier zu kaufen. Als der Oberamtmann des Eichsfelds, Leopold von Stralendorf, 30 Faß Bier beschlagnahmen ließ, die aus der Stadt ausgeführt werden sollten, wurde den Duderstädtern der Ernst der Lage klar: Sie baten Kaiser Maximilian sowie dessen Nachfolger Rudolf II. um Hilfe in diesem Konflikt. Der Kaiser verfügte jedoch, daß sich die Duderstädter an die Mainzer Anweisungen zu halten hätten.

Die Stadt lenkte schließlich ein: Sie übergab der kurfürstlichen Kommission den Schlüssel zur St. Cyriakus-Kirche. Pfarrer Stael mußte die Stadt verlassen. Alle Bitten des Rates, den Protestanten wenigstens eine Kirche zu überlassen, wurden in der Folgezeit von den Mainzer Erzbischöfen abschlägig beschieden. Nun begann erneut das „Auslaufen" der Bürger zu protestantischen Gottesdiensten in die umliegenden Dörfer, nach Teistungen, Wehnde und Tastungen.

In Heiligenstadt hatten die Maßnahmen des Erzbischofs schneller Erfolg. Von dem 1575 in Heiligenstadt gegründeten Jesuiten-Kollegium ging eine äußerst erfolgreiche Rekatholisierung der Dörfer des Ober- und später auch des Untereichsfelds aus, so zum Beispiel um 1605 in den untereichsfeldischen Ämtern Lindau und Gieboldehausen, 1606 in den Duderstädter Kespeldörfern, danach auch in den Ratsdörfern.

In Duderstadt mußte jedoch 1613 erneut das „Auslaufen" verboten werden. Erst vor Ausbruch des Dreißigjährigen Krieges waren die Bemühungen der Gegenreformation abgeschlossen und das Eichsfeld war wieder katholisch.

Keine Hilfe: Kaiser Maximilian verfügte, daß sich die Duderstädter an die Anweisungen von Erzbischof Daniel Brendel von Homburg (oben links) zu halten hätten.

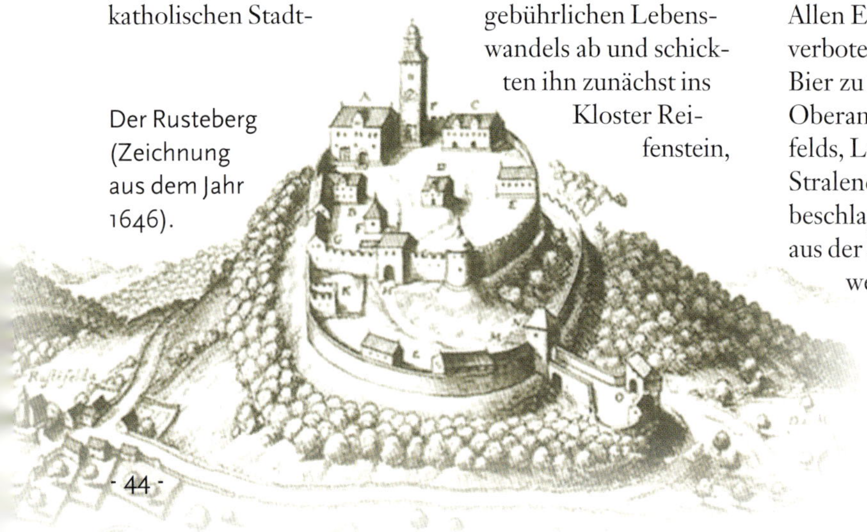

Der Rusteberg (Zeichnung aus dem Jahr 1646).

Zeit-Zeichen

1500
Leonardo da Vinci zeichnet den ersten Hubschrauber.

1513
Spanier unter Balboa stoßen zum Pazifik vor.

1514
Kopernikus entdeckt den Saturn.

1517
Martin Luther schlägt 95 Thesen an die Tür der Schloßkirche zu Wittenberg.

1519
Magellan beginnt die Weltumseglung.

1529
Die erste Belagerung Wiens durch die Türken.

1531
Der Halleysche „Große" Komet erscheint.

1539
Das Inka-Reich in Peru wird von Pizzaro zerstört, König Atahualpa erdrosselt.

1582
Papst Gregor XIII. führt die Schaltjahre ein.

1584
Von Irland aus verbreitet sich die Kartoffel über Europa.

1588
Untergang der spanischen Armada.

1589
Am französischen Hof wird die Eßgabel eingeführt.

1590
Galilei führt Fallversuche am Turm zu Pisa durch.

1591
Shakespeare schreibt „Romeo und Julia".

General Wallenstein vertreibt den „tollen Christian"

Mit dem Prager Fenstersturz begann 1618 in Europa ein grausamer Krieg um die Vormachtstellung im Römischen Reich Deutscher Nation. Das Bistum Mainz stand auf Seiten der katholischen Liga. Zu ersten Übergriffen kam es 1622, als der protestantische Welfenherzog Christian von Braunschweig-Lüneburg, den man den „tollen" nannte, einen Kriegszug in das Eichsfeld unternahm. Trotz einer Zahlung von 100.000 Talern und der Versorgung mit Brot, Bier, Hafer und Heu richtete er in den Dörfern des Untereichsfelds verheerenden Schaden an: „Der Krieg muß den Krieg nähren." Nach diesem Motto ging Christian dreimal gegen das Eichsfeld vor, bis er schließlich im Mai 1626 von katholischen Truppen des Generals Wallenstein (ganz rechts) vertrieben wurde.

Unter dem „tollen" Christian von Braunschweig-Lüneburg hatten die Duderstädter 1622-26 zu leiden.

Auf kaiserliche Anordnung war das Eichsfeld 1623 unter den Schutz des Kronenberger Regiments unter dem Feldherrn Tilly gestellt worden. Nun war die Ausübung der protestantischen Religion verboten. 1624 führten die Duderstädter deshalb einen eigenen Religionskrieg: Sie schleiften die Jesuiten durch den Schlamm, bewarfen sie mit Steinen und stimmten vor dem Hause des Mainzer Schultheißen das Trutzlied „Ein feste Burg ist unser Gott" an. Als man die Rädelsführer festnehmen wollte, erschossen diese den Stadtdiener. Der Mainzer Erzbischof Johann Schweikard von Kronberg ließ daraufhin verkünden, daß kein Protestant mehr getraut oder auf dem Friedhof begraben werden solle und die Kinder bei Strafe keine lutherischen Schulen besuchen dürften. Die Duderstädter lehnten sich gegen diese Verordnung auf und besetzten unter Führung der Gilden die Wälle. Tatsächlich entsandte der Mainzer Kurfürst 1625 den General Tilly mit 600 Soldaten. Erst im zweiten Anlauf ergab sich die Stadt kampflos. Die Mehrzahl der Protestanten resignierte und trat zum katholischen Glauben über.

Der Krieg ging weiter: Allein im Jahr 1632 wechselten die Besatzungen sechsmal. Tillys Truppen blieben in Duderstadt um zu verhindern, daß die Stadt den protestantischen Herzog Christian von Braunschweig unterstützte. Als dieser im August 1626 in der Schlacht bei Lutter am Barenberge vernichtend geschlagen wurde, hatte auch die Gegenreformation einen wichtigen Sieg errungen. 1639 folgte für Duderstadt und das Untereichsfeld eine Zeit der schwedischen Besetzung durch die Truppen des Generals Hans Christoph von Königsmarck. Über den Westfälischen Frieden von 1648 hinaus blieb Duderstadt schwedisch besetzt.

In all diesen Jahren kriegerischer Auseinandersetzungen und wechselnder Besatzungen hatten die Duderstädter Quartiere und Verpflegung zur Verfügung stellen und Kontributionszahlungen leisten müssen. 1626 war die Stadt zudem durch die Pest geschwächt worden, die 2.000 Bürger, Soldaten und Flüchtlinge dahingerafft hatte. Die Rats- und Kespeldörfer waren weitgehend niedergebrannt. Immer mehr Eichsfelder Männer hatten ihre Zukunft in Diensten der jeweiligen Besatzungstruppen gesucht: So ließen sich mehr als 2.000 Eichsfelder für das Regiment der „Pappenheimer" rekrutieren. Viele Einwohner Duderstadts und der Dörfer waren in dieser Zeit ins Rheinland ausgewandert. 1645 konnten von 638 Häusern der Stadt nur noch 331 als bewohnt gelten, 171 waren zerstört, der Rest stand leer. Am Ende des Krieges war das Eichsfeld zu mehr als einem Drittel verwüstet und die Bevölkerung auf ein Viertel zurückgegangen. Noch jahrelang zogen Banden abgedankter Landsknechte raubend, mordend und plündernd durch die Region.

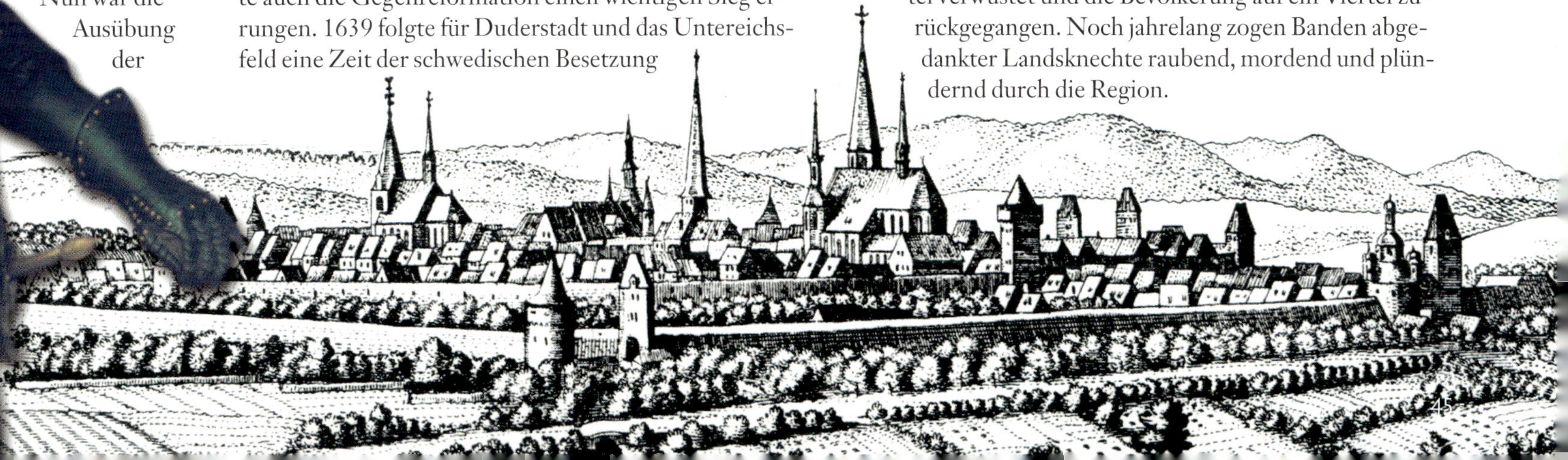

1666 gab Johann Westenhoff, Betreiber der ersten Druckerei der Region, das erste Buch Duderstadts heraus - eine deutschsprachige Pestschrift (oben). Im Stadtjubiläumsjahr 2004 erschien exklusiv zum Historischen Handwerkermarkt das kleinste Buch der Stadt mit „Eichsfelder Sagen" (Mitte). 1,8 mal 2 Zentimeter mißt der Winzling im Ledereinband mit Goldprägung und ist damit gerade so groß wie eine Euro-Münze. Gedruckt wurde das Mini-Buch bei Mecke Druck. Die Firma von Helmut Mecke (Bildmitte) besteht seit 1908. So hat hier unter anderem die spätere Ratsfrau (1952-72) Emmy Schlüter (unten rechts) in den 30er Jahren des 20. Jahrhunderts an einer Schnellpresse gearbeitet.

Schwarze Kunst zwischen Tradition und Fortschritt

Am 15. Oktober 1901 gründet Aloys Mecke die gleichnamige Buchbinderei und Buchhandlung, der 1908 eine Druckerei angegliedert wird. Des weiteren gibt Mecke Heimatliteratur heraus. 1970 entstehen aus diesem Unternehmen zwei eigenständige Firmen. Die Buchhandlung Aloys Mecke, Inhaber Buchdruckmeister Karl Mecke, und die Firma Mecke Druck und Verlag, Inhaber Helmut Mecke. Letztere produziert heute neben individuell gestalteten Privatdrucksachen die gesamte Palette der Geschäftsdrucksachen - egal ob Visitenkarte oder vierfarbig gedruckter Briefbogen.

Eine weitere Spezialität ist die Herstellung von Broschüren aller Art durch Nutzung eines „pdf-Workflow". Das heißt, die Firma ist eine vollstufige Druckerei. In der Druckvorstufe übernehmen die motivierten Mitarbeiter vorzugsweise pdf-Dateien, die sie am Computer aufbereiten. Daraus belichten sie komplette Druckbögen auf Druckplatten für die vorhandenen Druckmaschinen. Weiterhin werden alle erforderlichen Gestaltungs-, Satz- und Scan-Arbeiten von Fachleuten vorgenommen. Gedruckt wird im ein- und mehrfarbigen Offsetdruck. Zur Weiterverarbeitung stehen verschiedene Maschinen zum Falzen und Heften bereit. Broschüren laufen über eine spezielle Broschürenproduktionsmaschine.

Die besondere Spezialität des Hauses ist die Buchproduktion für den eigenen Verlag und andere Auftraggeber. Im Mecke Verlag erschienen nach 1990 mehr als 300 Bücher überwiegend über Südniedersachsen und das Eichsfeld sowie die Zeitschriften „Südniedersachsen" und „Eichsfelder Heimatzeitschrift". Das gesamte Verlagsprogramm ist im Internet unter www.meckedruck.de einzusehen, unterstützt von einer leistungsstarken Suchfunktion.

Aktenkundiger Löwe mausert sich zur ersten Klasse

Actum, d. 7. July anno 1693
Demnach man die gewiße Nachricht erhalt, das einer von Molths Hoff Cavallier zu Meiningen, vor einig Monath alhier im Wirds-Hause im güldenen Löwen zwey Ring verlohr, selbige aber bey damahliger Nachfrage nicht zu finden gewesen, nachgesehenths aber (...) an Herwig Garbode alhier verkaufft word, (...)

Mit diesem Wortlaut findet das Duderstädter Hotel-Restaurant „Zum Löwen" in der damaligen Polizeiakte seine erste Erwähnung. Gebaut von der Stadt Duderstadt, gehört das Haus früh zu den besten Adressen. Bereits 1778 wird das Gasthaus „Zum Goldenen Löwen" unter 1. Klasse genannt. Nach mehreren privaten Eigentümern geht es im Jahr 1896 in den Besitz der Stadt Osterode über.

Am 25. August 1938 (Datum vom Kaufvertrag) erwirbt die Stadt Duderstadt das Hotel „Zum Löwen" für 35.000 Reichsmark zurück. Doch die Tage der Hotelnutzung sind zunächst begrenzt. Nach Abzug der Besatzungstruppen werden hier auf Anordnung der Stadt von 1946 bis Anfang 1951 Flüchtlinge einquartiert. Das Gebäude befindet sich in einem katastrophalen Zustand. 38 Familien bewohnen jeweils ein Zimmer mit vier und mehr Personen. Die Hotelküche dient als Gemeinschaftsküche, später hatte jeder eine Kochstelle im Zimmer. Die Toilettenräume befinden sich immer noch auf dem Hof.

1951 renoviert die Stadt Duderstadt das Vorderhaus und den Mittelflügel umfangreich. Im Hof angesiedelt werden Stallungen und Parkplätze. Die Toilettenräume hingegen werden vom Hof ins Haus verlegt. Die Küche wird vergrößert. Bereits während der Umbauphase zieht der neue Pächter Bruno Ziermann mit seiner Familie ein. Aufgrund der Arbeiten muß die Familie oft die Zimmer wechseln. Ziermann macht ab 15. Dezember 1951 aus dem zuvor zweckentfremdeten Haus wieder ein Hotel, das sich sehen lassen kann. 1959 wird Bruno Ziermann der neue Besitzer, 1962 läßt er den Südflügel anbauen. Die jetzt moderne Übernachtungsmöglichkeit nutzt sogar Bundespräsident Heinrich Lübke während einer Zonengrenzbesichtigung vom 27. auf den 28. Juli 1964. Er spricht auf einer Kundgebung vor rund 6.000 Menschen und trägt sich ins Goldene Buch der Stadt ein. Die neue Geschichte des Löwen beginnt im Jahr 1986, als die Firma Otto Bock das Gebäude kauft und durch die Sanierung ein kleines Grand Hotel entsteht. Zwei Jahre später wird der „neue Löwe" eröffnet. Für die aktuellen Geschicke des Hauses zeichnet Familie Otto aus Fuhrbach als Pächter seit 2001 verantwortlich.

Der goldene Löwe (links) ist das Wahrzeichen des Hotels (rechts), das - wie die Mosaikplatte im Eingangsbereich (Hintergrund) zeigt - mit 1693 und 1988 zwei Gründungsdaten hat.

Duderstadts Wahrzeichen: Legenden, Thesen, Fragezeichen

Die Figur des Anreischke, heute Wahrzeichen Duderstadts, wurde wahrscheinlich 1694 an der Turmuhr des Inneren Steintors angebracht. Es handelte sich um eine bemalte Büste aus Holz, die sich zu bestimmten Uhrzeiten nach außen neigte. 1803 und 1817 erscheint sie in den Stadtakten lediglich als „Kunstwerk und Automat“. Nach Abriß des Innere Steintors wurde die Büste an das Äußere Steintor versetzt und gelangte nach dessen Abriß 1837 noch ohne nähere Bezeichnung ins Rathaus. Erst 1844 taucht die Bezeichnung „Anreischke“ für die Figur auf. Daß der Begriff von dem Namen „Andreas“ stammt und die Nachsilbe „-ke“ eine Verniedlichungsform darstellt, ist unumstritten. Aber wen stellt die Figur dar?

Die zu Beginn des 20. Jahrhunderts entwickelte These, der barocke Anreischke sei eine Spottfigur auf die Juden gewesen, kann kunstgeschichtlich inzwischen als widerlegt gelten - warum sollte eine Judenfigur Mitte des 19. Jahrhunderts den Namen „Anreischke“ erhalten haben? Auch die These, die Duderstädter hätten einem polnischen Baumeister namens Andreas 150 Jahre nach dessen Wirken ein die Landbevölkerung verspottendes Denkmal gesetzt und ihm noch einmal 100 Jahre später erst den Namen „Anreischke“ gegeben, ist kaum haltbar. Interessanter scheint der Erklärungs-Ansatz zu sein, daß der Anreischke mit seiner Jakobsmuschel am Hut einen christlichen Pilger darstellt, der vom Inneren Steintor aus zur ehemaligen Herberge im Hof der Jakobsbruderschaft hinübergrüßte. Auf einen weiteren, noch ungeklärten Aspekt der Figur weist Stadtarchivar Hans-Heinrich Ebeling hin: Eine Bohrung vorn und hinten am Kopf macht wahrscheinlich, daß der Anreischke eine Pfeife im Mund hatte. Stand die Büste eventuell im Zusammenhang mit dem Beginn des Tabakanbaus Mitte des 17. Jahrhunderts? Noch im 19. Jahrhundert besuchte ein Bürger als Anreischke verkleidet und mit Pfeife im Mund am Andreastag die Geschäfte der Stadt.

Oder ist der Anreischke als kleiner weltlicher Widerpart zum Heiligen Andreas vom Westertor zu verstehen?

Für die Kinder scheint der Wärter des Steintores der Anreischke gewesen zu sein:

„Anreischke, kum rut mit em Speite, et sit ne Itsche in der Goten, steck em dod.“

(Anreischke, komm raus mit dem Spieß, es sitzt eine Kröte in der Gosse, stich sie tot.)

Im 19. Jahrhundert wurden nur die Einwohner vor dem Steintor mit dem Spottnamen „Anreischke“ bezeichnet. Gab ihnen die Holzbüste am Tor diesen Namen? Oder waren es Siedler, die einer Andreaskirche - Teistungen und Mingerode kommen in Betracht - nahestanden? Hat also eventuell die Holzfigur von den Vorstädtern ihren Namen erhalten? Es gibt mehr Fragen als Antworten.

Die Bewohner der umliegenden Dörfer aber bezeichneten damals schon alle Duderstädter als „Anreischke“. Heute tragen die Duderstädter selbst diesen Namen mit Stolz. Der Anreischke ist ein Symbol, das sich einer eindeutigen Erklärung entzieht. Seit 1962 grüßt eine vergrößerte Nachbildung alle zwei Stunden von einem der Rathaustürme herab. Dazu erklingt das Glockenspiel „Mein Duderstadt am Brehmestrand“.

Links: Dieser giftgrüne Anreische mit seinem diabolischen Grinsen ist im Stadtmuseum zu bewundern.
Rechts: Seit 1962 grüßt diese Figur alle zwei Stunden von einem der Rathaustürme.

Spätestens seit sich der Anreischke bei der Weltausstellung 2000 in die große Expo-Parade in Hannover einreihte, ist die Figur auch international bekannt. Darüber hinaus fuhren in der Woche, in der sich Duderstadt und das Eichsfeld im Niedersachsen-Pavillon präsentierten, 800 Eichsfelder bei den ET-Expo-Ausflügen mit in die Landeshauptstadt.

Zeit-Zeichen

1602
Die Niederländer gründen die Kapkolonie in Südafrika.

1606
Willem Janszoon entdeckt Australien.

1615
Galilei wird vor die Inquisition zitiert.

1619
Nordamerika führt Negersklaven ein.

1625
Engländer führen die Tabaksteuer ein.

1626
Der Auerochse stirbt in Europa aus.

1636
Erste nordamerikanische Universität in Cambridge.

1641
In England bilden sich die Whigs und Tories.

1645
Die Residenz des Dalai Lama wird in Lhasa gebaut.

1660
Das Klosett mit Wasserspülung verbreitet sich von Frankreich aus.

1667
Leibniz baut eine Rechenmaschine.

1671
Newton erfindet das Spiegelteleskop.

1683
Erste deutsche Auswanderungen nach Nordamerika.

1688
London beleuchtet Straßen mit Öllampen.

1690
Papin erfindet die Dampfmaschine.

Gemeinsam stark

Der Anreischke begrüßt an allen Ecken der Stadt die Besucher - eine pfiffige Idee des Vereins „Treffpunkt Stadtmarketing“: Jedes beteiligte Geschäft gestaltet seinen Anreischke in individueller Optik. Am Rathaus steht der Bürger-Anreischke (unten), verziert mit zahlreichen Fotos von Einwohnern Duderstadts - ein Geschenk des Vereins im Jubiläumsjahr. Doch der Anreischke ist nicht die einzige Marketing-Idee, die überregional für Aufsehen sorgt. Mehr als 100 Bankdirektoren, Stadtmarketing-Profis und Sprecher des Einzelhandels aus ganz Deutschland treffen sich am 21. Februar 2002 zu einem Kongreß in Duderstadt. Thema ist die DuderstadtCard, auf der seit Einführung am 30. Juni 2001 Kunden des lokalen Einzelhandels bei jedem Kauf geldwerte Bonuspunkte sammeln. Das weiterentwickelte Modell stößt bundesweit auf Interesse. Städte wie Peine und Gießen gehören zu den ersten, die dem Konzept folgen. Was die Kongreß-Besucher beeindruckt, ist das Tempo der Eichsfelder Händlerschaft. Nach dem Beschluß, das Kundenbindungs-System des DG Verlags mit der Volksbank Eichsfeld-Northeim als emittierender Bank einzuführen, vergehen nur sechs Monate, bis die Karte auf dem Markt ist. Die DuderstadtCard ist ein Bonussystem, das dem Einzelhandel ein Instrument in die Hand gibt, den Rabattaktionen und Kundenkarten der Kaufhäuser und Supermärkte Gleichwertiges entgegenzusetzen. Die Funktion der Karte trifft den Kern des Stadtmarketings. Was der Einzelne allein nicht schultern kann, wird durch gebündelte Kräfte möglich. Daher werden neue Strukturen entwickelt: 2003 gründen Werbegemeinschaft Treffpunkt und Verein Stadtmarketing Duderstadt den Verein Treffpunkt Stadtmarketing. Das Bündeln der Kräfte erfordert verstärkte Kommunikation. Seither ergänzt das „d.a.s. magazin“ die Berichterstattung des Eichsfelder Tageblattes.

Zeit-Sprung

1700 / 2004.
„Sei vorsichtig!“, warnt Sebastian. Aber Johanna ist neugierig: Was ist das für eine riesige Figur, die dort plötzlich auf der Apothekenstraße steht? Ist der Anreischke vom Inneren Steintor herabgestiegen? Oder ist es ein leibhaftiger Türke, der nach dem Krieg um Wien nach Duderstadt gelangt ist und hier nun eine Garküche bewacht? Ein beherzter Griff an die Nase soll Klarheit schaffen...

Mädchen lernen hinter Klostermauern

Bis 1700, dem Gründungsjahr des Ursulinenklosters, hatte die Stadt jegliche Ordensniederlassung inner- und außerhalb ihrer Mauern untersagt. Grundbesitz in die „tote Hand" geben zu müssen - dagegen versicherten sich die Stadtväter seit 1358 mit Brief und Siegel ihres Mainzer Landesherrn. Mit Klöstern ließen sich schließlich keine Steuereinkünfte erwirtschaften.

Erst die schulische und konfessionelle Situation gegen 1700 brachte neue Argumente ins Spiel. Man brauchte Mädchenschulen und ein katholisches Gegengewicht zur lutherisch geführten „Deutschen Schule", die erstmals auch Mädchen aufgenommen hatte und inzwischen wieder geschlossen war. Die entscheidende Initiative ging von Herwig Böning aus, einem der eifrigsten Verfechter der Rekatholisierung des Eichsfeldes, seit 1666 Stadtpfarrer und Erzbischöflicher Kommissarius. Unermüdlich kämpfte er für die Ansiedlung des Ursulinenordens in Duderstadt. 1535 von der hl. Angela Merici in Brescia (Oberitalien) gegründet, sah dieser Orden sein Hauptanliegen in der Erziehung der weiblichen Jugend. Von Erfurt aus, wo es bereits eine Niederlassung gab, kamen die ersten Ursulinen nach Duderstadt und ließen sich in der Nähe der gotischen Liebfrauen-Kapelle am Neutor nieder (1442). Die Einrichtung fand großen Zuspruch, auch bei auswärtigen Familien, die ihre Töchter im Kloster-Internat unterbringen konnten.

Das weitgefächerte schulische Angebot der Ursulinen umfaßte im Laufe der Zeit: Kindergarten, Handelsschule, Landfrauenschule, Haushaltsschule, Höhere Töchterschule, Lehrerinnenbildungsanstalt, Oberlyceum, Realschule und neusprachliches Gymnasium.

Im Laufe ihrer Geschichte hatten die Ursulinen schwere Krisenzeiten zu bewältigen. Den tiefsten Einschnitt brachte der Kulturkampf (etwa 1871-1887) mit der Auflösung des Klosters (1877). Die nach England und Armidale emigrierten Schwestern gründeten auch dort höhere Töchterschulen. Die nach Bauffe (Belgien) geflohenen Ursulinen der Hildesheimer Klosterfiliale verließen nach zehnjähriger Verbannung ihr Exil, um in Duderstadt das Mutterhaus wieder aufzubauen. Eine bittere Zäsur erfuhr die Lehrtätigkeit der Ursulinen erneut im Zweiten Weltkrieg. Von 1941 - 45 hatten sie ein Lazarett für Schwerverwundete zu unterhalten. Dafür entgingen sie der Beschlagnahmung durch die SS.

Nach Kriegsende nahm die St. Ursula-Schule einen schnellen Aufschwung; 1953 war die Zahl der Internatsschülerinnen bereits auf 115 angewachsen. Trotz des guten Rufes mußten das Internat 1970 und die bis zuletzt existierende Real- und Oberschule wegen personeller und finanzieller Schwierigkeiten geschlossen werden.

Unterricht in den 1920/30er Jahren.

Die Klosterkirche

Ohne die Finanzhilfe ihres Förderers und Protektors Georg Kardinal Kopp hätten die Ursulinen ihr ehrgeiziges Kirchenprojekt von 1889 nicht in Angriff nehmen können. Die alte Kirche, bestehend aus der gotischen Kapelle „Ad Beatam Mariam Virginem" und einem Anbau von 1700, war längst zu klein geworden und wurde nun abgerissen. Der Neubau des Hildesheimer Baumeisters Richard Herzig, eine zweischiffige Basilika in neoromanischem Stil, glänzte durch eine üppige Ausmalung der Hannoveraner Künstler Olpers und Schaper. 1963/64 fiel die ursprüngliche Ausstattung allerdings einer nüchternen Innenraumgestaltung zum Opfer.

Inneres der Klosterkirche mit der ursprünglichen neoromanischen Ausstattung. Links: Die 1889 erbaute Liebfrauenkirche der Ursulinen kurz nach ihrer Fertigstellung.

Siebenjähriger Krieg: Am schlimmsten hausten die Husaren

Friedrich II., König von Preußen, und Maria Theresia, Kaiserin von Österreich-Ungarn (beide unten rechts), führten ab 1756 über sieben Jahre einen Krieg, in dem es unter anderem um den Besitz von Schlesien ging. Der Kurfürst zu Mainz, Landesherr des Eichsfelds, schlug sich als deutscher Reichsfürst auf die Seite von Maria Theresia.
Als 1757 die Armee des Herzogs von Cumberland kapitulieren mußte, wurde Hannover von österreichischen und französischen Truppen besetzt. Nun rückten die mit Kurmainz befreundeten Truppen der Franzosen im Eichsfeld ein und standen am 28. August vor den Toren Duderstadts. Zunächst waren es nur einige Husaren, bald aber folgte das Fischersche Freicorps mit 1.800 Mann und etwa 500 Pferden, die mehrere Tage lang untergebracht (unten links) und versorgt werden mußten. Nachdem die französisch-österreichischen Armeen am 5. November 1757 von den Preußen bei Roßbach geschlagen worden waren, quartierte sich der besiegte Prinz von Soubise mit den Resten seiner

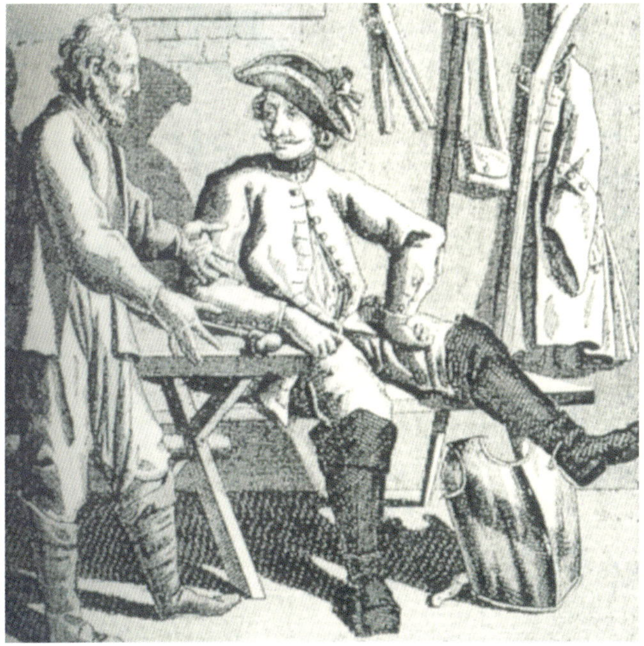

Armee auf dem Rückzug erneut in Duderstadt ein. Seine Soldaten nahmen alles mit, was nicht niet- und nagelfest war, und plünderten die Dörfer. Dabei kam es zu Bränden und sogar zu Todesfällen. Im Frühjahr 1758 erfolgte von Göttingen und Hannover aus ein französischer Gegenangriff. Duderstadt diente wieder als Quartier auf dem Durchzug der Truppen nach Heiligenstadt.
Bald aber zogen preußische Truppen in Duderstadt ein. Am schlimmsten hausten die mehr als 130 Husaren (oben) unter der Führung des Rittmeisters Kovats. Da die Stadt die geforderten 100.000 Taler nicht zahlen konnte, wurden alle Läden geschlossen und Bürger im Rathaus arretiert. Pferde und Kutschen wurden requiriert. Mit 32 vierspännigen Packwagen voller Beute zog Kovats schließlich nach Heiligenstadt weiter.
Alliierte Truppen der Preußen verbarrikadierten sich 1760 in der Stadt. Vor dem Steintor errichteten sie Schanzen, vor dem Westertor doppelte Palisaden, und vor allen Toren stellten sie spanische Reiter auf. Mit 2.500 Mann belagerten die Franzosen die Stadt und beschossen vom Sulberg aus tagelang mit Kanonen die Stadttore.
Nachdem am 23. Februar ein Sprenggeschoß das äußere Obertor zertrümmert hatte, hißte Duderstadt die weiße Fahne. In der Folgezeit kam es im Untereichsfeld immer wieder zu Truppendurchzügen und Einquartierungen. Im Oktober 1761 begannen die Franzosen damit, die Befestigung Duderstadts abtragen zu lassen.
Am 16. August 1762 verließen die französischen Truppen endgültig das Eichsfeld. Stadt und Region waren wirtschaftlich am Ende. Auch die Kriegsgegner waren erschöpft. Zwei Tage nach dem Friedensschluß von Hubertusburg am 15. Februar 1763 verließen die preußischen Truppen das kurmainzische Eichsfeld. Duderstadt und den Ratsdörfern waren im Krieg Kosten von fast 540.000 Talern entstanden. Stadt und Bürger waren hoch verschuldet, Ackerbau, Viehzucht und Gewerbe schwer beeinträchtigt. Es dauerte lange und forderte viele Einschränkungen, bis sich die wirtschaftliche Lage der Stadt wieder verbesserte.

Zeit-Zeichen

1702
Als erste englische Tageszeitung erscheint der „Daily Courant".

1707
England und Schottland werden zu Großbritannien vereinigt.

1709
Selkirk wird von seiner Robinsoninsel befreit.

1738
Im Schwarzwald beginnt die Produktion von Kuckucksuhren.

1750
Die erste Mondkarte wird erstellt.

1752
Der literarische Frauenkreis Londons trägt blaue Strümpfe.

1756
In Venedig entkommt Casanova aus den Bleikammern.

1764
James Watt baut die erste anwendungsreife Dampfmaschine.

1769
Napoleon Bonaparte wird in Korsika geboren.

1776
Verabschiedung der amerikanischen Unabhängigkeitserklärung.

1779
James Cook wird in Hawaii von Eingeborenen erschlagen.

1783
Die Brüder Montgolfier fliegen im Heißluftballon.

1786
Der Mont Blanc wird erklommen.

Die Preußen kommen!

Mit der französischen Revolution 1789 traten die Prinzipien Freiheit, Gleichheit und Brüderlichkeit und damit auch der Gedanke der Volkssouveränität ihren Siegeszug in Europa an. Die Großmächte Zentraleuropas, Preußen und Österreich, fürchteten um den Bestand ihrer Monarchien. Sie verbanden sich mit England und führten zwei Koalitionskriege gegen das revolutionäre Frankreich, konnten jedoch keinen Sieg erringen. Schließlich scherte Preußen aus der Koalition aus und erkannte den Rhein als Ostgrenze Frankreichs an. Die gemeinsamen Absprachen wurden am 9. Februar 1801 im Friedensvertrag von Lunéville festgeschrieben. So erhielt Preußen als Entschädigung für seine linksrheinischen Verluste eine fünffach größere Fläche im Reichsgebiet. Dazu gehörte auch das Eichsfeld, das am 2. August durch das Okkupationscorps besetzt wurde. Die Trauerfeier für Erzbischof Friedrich Karl Joseph von Erthal, der am 25. Juni 1802 verstorben war, bedeutete den Abschied des Eichsfelds vom Erzbistum Mainz. Die Städte, Dörfer, adligen und klösterlichen Gerichtsbezirke wurden zusammen als Fürstentum Eichsfeld in den preußischen Staatsverband eingegliedert. 450 Jahre Zugehörigkeit des Eichsfelds zu Kurmainz waren damit beendet. Der Reichsdeputationshauptschluß vom 25. Februar 1803 löste das Fürstbistum Mainz auf. Es begann die sogenannte Säkularisierung, also die Umwandlung kirchlichen Besitzes in staatlich kontrollierte Einrichtungen. Nur die Nonnenklöster, die sich karitativen Aufgaben und der Schulbildung widmeten, konnten ihren Betrieb weiterführen.

Das traditionell protestantische Preußen sorgte nun für seine Glaubensgenossen: Die Stiftskirche St. Martin in Heiligenstadt und die Servatiuskirche in Duderstadt wurden den jeweiligen evangelischen Gemeinden übereignet. Im Juni 1803 unternahm Friedrich Wilhelm III. (links) eine Huldigungsreise ins Eichsfeld. Am 24. und 25. Juni besuchte er Duderstadt. Auf einem Seidenkissen - im Ursulinenkloster angefertigt - wurde dem König der Stadtschlüssel überreicht, auf dem der Name Wilhelm III. eingraviert war. Am 1. Juni 1804 trat das preußische allgemeine Landrecht in Kraft und löste die bis dahin gültige Rechtsprechung ab. Bitter waren die Neuerungen durch das preußische Steuersystem: Während unter Kurmainzer Herrschaft nur Bier und Branntwein mit einer Akzise belegt waren, dehnten die Preußen diese Abgabe auf alle Nahrungsmittel aus. Es gab nun auch eine Mahl-, Schlacht-, Vieh-, Garten- und Acker-Steuer. Eine allgemeine Teuerung war die Folge. Eine Neuordnung der Verwaltung beendete schließlich das Interim, und das Eichsfeld wurde verwaltungstechnisch getrennt.

Je ein Landrat war nun zuständig für das Unter- bzw. das Obereichsfeld, in Duderstadt Friedrich Christian Adolf von Motz, der spätere preußische Finanzminister. Allerdings sollte die preußische Herrschaft im Eichsfeld nur vier Jahre andauern. Dann erreichten die Truppen Napoleons die Region.

Klöster wurden in königliche Domänengüter umgewandelt und teilweise an Privatpersonen weiterverpachtet: Kloster Reifenstein (links) am 2. März 1803, Kloster Gerode (oben) am 12. März und das Kollegiatsstift St. Martin in Heiligenstadt am 9. September. Unten rechts: Christian Adolf von Motz, preußischer Landrat des Untereichsfeldes.

Parlez-vous français?

Vier Jahre verblieb das Eichsfeld unter preußischer Herrschaft. Nach der Niederlage Preußens bei Jena und Auerstedt am 14. Oktober 1806 nahm Napoleon (rechts) das Eichsfeld in französischen Besitz. Der Region wurde eine Kriegssteuer von 675.000 Franken auferlegt, an deren Höhe auch eine eigens nach Warschau zu Napoleon gereiste Bittdelegation nichts ändern konnte. Als Preußen im Frieden zu Tilsit vom 9. Juli 1807 seine links elbischen Gebiete an Frankreich abtreten mußte, wurde das Eichsfeld dem Königreich Westfalen zugeschlagen, dessen Thron Jérôme, Napoleons jüngste Bruders, einnahm. Das Eichsfeld gehörte zum Departement Harz mit den Distrikten Heiligenstadt, Duderstadt, Osterode und Nordhausen. Unter den bislang niederen Ständen, den Bauern und Handwerkern, keimte nach dem Machtwechsel Hoffnung auf. Denn mit dem „Code Napoleon“ trat 1808 ein bürgerliches Gesetzbuch in Kraft, das allen – auch den jüdischen – Bewohnern der Departements die gleichen Rechte zubilligte und die bisherige Lehens- und Patrimonialgerichtsbarkeit abschaffte. Die Gilden, die einer freien Berufsausübung entgegengestanden hatten, wurden aufgelöst. In den Städten behielt man die bisherigen Bürgermeister und Gerichtspräsidenten in der Regel bei und nannten sie nun „Maîre“. Im Mai 1808 bereiste König Jérôme das Harzdepartement und besuchte am 25. des Monats auch Duderstadt. Bevor dem neuen Landesherren der Stadtschlüssel überreicht wurde, war der Schlosser Anton Germershausen wieder aktiv geworden. Er hatte nämlich den Namen des preußischen Königs abgefeilt und den Namen Jérôme eingraviert. 1808 wurde durch königliches Dekret der evangelischen Gemeinde endgültig die Kirche Sankt Servatius zugeschrieben.

Der neue Landesherr wollte eine moderne Infrastruktur nach französischem Muster schaffen: zentrale Verwaltungsorgane, Verkehrswege und besonders auch ein funktionsfähiges Wehrwesen. Auch die Wissenschaften im Königreich Westfalen wollte der König fördern. Die Finanzierung sollte durch ein differenziertes Steuersystem gesichert werden: So unterlag nun jeder Einwohner der Personalsteuer, die Grundsteuer betrug ein Fünftel des Ertrages, Handel und Gewerbe hatten eine Patentsteuer zu entrichten. In den einzelnen Orten eingesetzte Steuerbeamte setzten rücksichtslos die ordnungsgemäße Erfüllung durch. Da das Departement Harz folglich erdrückende finanzielle Belastungen auszuhalten hatte, war die erste Euphorie über die neuen Freiheiten schnell verflogen. In den Kriegsjahren 1812/13 nahmen die Belastungen für die Region noch zu: Durch Zwangsaushebungen wurden mehr als 2.000 Eichsfelder für Napoleons Rußlandfeldzug rekrutiert. Wenn Eltern ihren Sohn nicht entbehren konnten, mußten sie einen Stellvertreter beschaffen, der dafür zwischen 200 und 800 Taler forderte. Polizeispitzel sollten die Stimmung in der Bevölkerung in Erfahrung bringen und die Namen Unzufriedener nach Kassel melden.

Napoleons Truppen scheiterten bei Moskau und traten den Rückzug an. Mit der Völkerschlacht bei Leipzig vom 16. bis 19. Oktober 1813 endete die französische Herrschaft in Deutschland. Am 26. Oktober verließ Jérôme fluchtartig von Kassel aus das Königreich Westfalen. Am 18. Juni 1815 verlor Napoleon bei Waterloo gegen Anglo-Alliierte und Preußen seine letzte Schlacht. Auf dem Wiener Kongreß von 1814/15, auf dem auch das nach-napoleonische Deutschland neu geordnet wurde, gelang es den Welfen, ihre alten Ansprüche auf das Untereichsfeld wieder geltend zu machen. Hannover, das sogar in den Rang eines Königreichs erhoben wurde, erhielt die „Goldene Mark“ zugesprochen. Das Obereichsfeld blieb bei Preußen.

Schlacht bei Waterloo.

„Heideröslein“

Die volkstümliche Melodie zu Goethes Gedicht „Heideröslein“ verdankt die Nachwelt Heinrich Werner, einem Sohn des Eichsfelds, der 1800 in Kirchohmfeld geboren wurde. Sein Vater war als Lehrer und Kantor der Musik in besonderer Weise verbunden, und seine drei Söhne wurden Musiker. Heinrich spielte schon als Elfjähriger die Orgel in der Dorfkirche. Bis zum 15. Lebensjahr erhielt er seine musikalische Ausbildung im Elternhaus, anschließend als Chorknabe in Andreasberg. Werner studierte in Erfurt und legte dort 1822 seine Lehrerprüfung ab. Ende desselben Jahres ging er nach Braunschweig, wo auch seine Brüder wohnten. Dort arbeitete er als Chorpräfekt an der Oper und außerdem als Musiklehrer. Im Januar 1829 wurde die Melodie des „Heiderösleins“ auf einem Konzert der Braunschweiger Liedertafel, die er als Dirigent leitete, zum ersten Mal vorgetragen. Die Komposition übertraf mehr als hundert Melodien anderer Komponisten zum gleichen Text und wurde bald zum Volkslied. Am 3. März 1833 starb Heinrich Werner in Braunschweig an der Schwindsucht. Sein Heimatort Kirchohmfeld hat ihm zu Ehren einen Gedenkstein errichtet, der von Heckenrosen umrankt ist.

Brüder Grimm: Dem Land der Burgen "märchenhaftes" Denkmal gesetzt

Eine gastliche Region lädt an dieser Stelle unserer Zeitreise zur Rast ein - im Sonderteil, der mit den Profilen der Brüder Grimm und der Silhouette von Burg Hanstein gekennzeichnet ist.

Unberührte Natur, gemütliche Plätze zum Ausspannen, Gastlichkeit pur: Das Eichsfeld ist weit über seine Grenzen hinaus als Freizeit-Land beliebt. Schon die unverwechselbare Spezialitäten-Küche der Region sorgt dafür, zusammen mit „Geschichte(n) zum Anfassen“ - das Eichsfeld ist auch ein Land der Burgen. Keine Geringeren als die großen Göttinger Gelehrten Jacob und Wilhelm Grimm setzten bereits 1816 der Region ein „märchenhaftes“ Denkmal: Aus dem reichen Schatz der Eichsfelder Sagen publizierten Grimms die Geschichte um den „Grafen Isang“ vom Seeburger See.
Jacob und Wilhelm Grimm waren von 1829 bis 1837 an der Göttinger Georgia Augusta als Professoren und Bibliothekare tätig. Beide hatten in Marburg Rechtswissenschaften studiert und anschließend als Bibliothekare in Kassel gearbeitet. In diese Zeit (1816) fällt die Veröffentlichung des Isang-Stoffs in den "Deutschen Sagen". Während ein Großteil der Grimm´schen Märchen aus mündlicher Überlieferung stammt, wurden die Sagen vornehmlich schriftlichen Quellen entnommen.

Die Tradition der Erzählforschung wird in Göttingen fortgeführt: Im Rahmen eines Langzeitprojekts der Akademie der Wissenschaften erscheint die "Enzyklopädie des Märchens", ein Handwörterbuch zur historischen und vergleichenden Erzählforschung von internationalem Rang. Außerdem finden ergänzende Arbeiten an einem weiteren Vorhaben der Brüder Grimm statt, dem "Deutschen Wörterbuch".

Den „Grafen Isang“ der Nachwelt erhalten: Jacob und Wilhelm Grimm.

Party nonstop. Graf Isang (Mitte), Hofstaat. Noch sind dem bösen Buben nicht die Augen aufgegangen. In einer Inszenierung von Heinz Goldmann fand die Sage im Jahr 2002 ein „Life-Remake“ in Seeburg, die Schaupieler von links: Jürgen Heine, Jürgen Kerl, Matthias Gleitze.

Verhängnisvolle Affäre, Zauber-Aal - und ein Schloß geht baden

Der Sage um den Grafen Isang fehlt nichts an deftigen Zutaten. Hier die Kurzform, frei nach Grimm: Vor langer Zeit rüpelt Graf Isang aus Seeburg durchs Eichsfeld, bricht ins Kloster Lindau ein, zwingt sich eine Nonne zu Willen; es ist peinlicherweise die eigene Schwester. Isang kümmerts wenig - er macht weiter in Party nonstop. Bei seinem Fischmeister bestellt er Leckeres: Eine weiße Schlange. Seinem Gefolge verbietet der wilde Graf kategorisch auch das kleinste Häppchen vom magischen Reptil (ein Diener beißt trotzdem zu). Und wie sein Chef kann der Domestik nach Schlangenfleisch-Genuß plötzlich die Tiere sprechen hören. Nichts Gutes kräht, quakt und pfeift von Isangs Zinnen: „Die Sünden haben ihr volles Maß... in Kürze werden die Türme umfallen!“ Der Tolpatsch von Diener plappert sein Mit-Lauschertum aus; Graf Isang spaltet ihm noch schnell den Schädel, bevor er fix das Weite sucht. Vom nahen Berg erlebt er dann den Untergang des Hauses Isang - mit lautem Getöse stürzt sein Schloß in sich zusammen, wird von Wasser überflutet. Das „Auge des Eichsfelds“ ist entstanden - der Seeburger See. Der Totalschaden seiner Immobilie läßt Graf Isang flugs zum Büßer werden. Er geht ins Kloster Gieboldehausen und tut fortan nur noch mildtätige Werke. Und wenn er nicht gestorben ist...

Nach Immobilienverlust zum Büßer mutiert: Graf Isang pilgert ins Kloster.

Genuß im stilvollen Ambiente der Seebäder

Schönes Geschenk zu Duderstadts Jubiläum und ein Highlight für die gesamte Region: Das Comeback des „Grafen Isang" am Seeburger See. Wenige Tage vor dem 1075. Stadt-Geburtstag bietet eine der schönsten Landschaften des Eichsfelds endlich wieder auch ein gastronomisches Ziel von Rang: Im Pavillon-Stil der gediegenen Seebäder Südenglands oder der Ostseeküste ist das Restaurant wieder auferstanden. Antje Näder, Kind der Region und versierte Hotelfachfrau, hat hier eine Oase geschaffen, die nicht nur Genuß für den Gaumen bietet.

Hätte er sich aus dieser Küche mit Schlemmereien versorgen lassen können (zum Beispiel mit geräuchertem Aal aus dem See) - der Sagen-hafte Graf Isang wäre kaum ins Kloster gegangen. Das „Filetstück" des Hauses blitzt mit hochmoderner Gastronomie-Technik: Zentrum des Restaurants mit zwölf Mitarbeitern sowie zwei Auszubildenden.

Dem früheren „Isang" war das Schicksal seines Namensgebers aus der Sage widerfahren: Das Gebäude drohte im Morast zu versinken, mußte abgerissen werden. Das allerdings kann dem neuen Domizil nicht passieren: Es ruht auf 107 stabilen Betonpfählen, 24 Meter tief verankert. Zusammen mit ihrem Team bietet Antje Näder die gastronomische Palette eines familienfreundlichen Ausflugslokals. Natürlich finden sich Eichsfelder Wurst- und Schinkenspezialitäten auf der Karte, aber auch eine leckere Bouillabaisse oder Carpaccio vom Weideochsen mit Limonen-Pfeffersauce, Salatbouquet und Steinchampignons: Das läßt nach dem Gang am See das Wasser im Mund zusammenlaufen...

Das Team. Antje Näder mit ihrem Küchenchef Jürgen Bartl (rechts), Direktions-Assistentin Petra Bartl und mit Service-Leiter Peter Franzel veredeln das Freizeit-Juwel Seeburger See.

Das Konzept des neuen „Grafen" setzt auch räumlich auf pfiffige Vielseitigkeit. Die großen Glastüren der Restaurant-Bereiche (120 Plätze) öffnen sich im Sommer zur Veranda und schaffen eine gelungene Kombination zwischen Innenraum und dem großen Biergarten. Für den kleinen Hunger (und auch mehr) steht ein Selbstbedienungsbereich zur Verfügung. Antje Näder: „Wir möchten unsere Gäste die kultige Atmosphäre erleben lassen, die das Eichsfeld auszeichnet."
Und dazu gehört auch Kinderfreundlichkeit. Um das Restaurant herum ist eine schiere Abenteuer-Landschaft entstanden, im ersten Stock lockt ein Spielboot auf „große Fahrt" - mit Spiel-, Bastel- und Mal-Utensilien an Bord. Kindergeburtstage, Hochzeiten, Parties, Tagungen - dieser Graf ist ein „Alleskünstler". Auch was die Natur angeht: Die liebevoll gestalteten Außenanlagen fügen sich harmonisch in das geschützte Biotop des Freizeit-Juwels Seeburger Sees ein. „Graf Isang" setzt ein neues Prädikat hinzu: Hochkarätig.

Graf Isang

Warum denn Sylt? Auf der Dach-Terrasse mit Meersand-Belag laden schicke Strandkörbe zum Relaxen ein - ohne Kurtaxe...

Steinerne Monumente vergangener Zeiten

In der Zeit der Romantik, im Übergang vom 18. zum 19. Jahrhundert, galten die trutzigen Burgen, die längst ihre strategische Bedeutung verloren hatten, als stumme Zeugen der deutschen Vergangenheit und wurden zu beliebten studentischen Ausflugszielen. Auch heute noch sind die meist liebevoll restaurierten Festungen des Eichfeldes einen Besuch wert.

Im Mittelalter hatten sie eine andere Funktion: Burgen gaben durch ihre Befestigung den Menschen der umliegenden Region die Möglichkeit, sich im Angriffsfall hinter schützende Mauern zurückziehen und damit Hab und Gut vor Angreifern zu sichern. Die Burgherren ließen sich jedoch für ihren Schutz bezahlen und konnten so die Bevölkerung in ihre Abhängigkeit bringen.

In einer Höhe von 488 Metern liegt bei Beuren die Burg **Scharfenstein**, eine der wenigen erhaltenen mittelalterlichen Höhenburgen des Eichsfelds, die einen Verkehrsweg vom Werratal zum Südharz sicherte. Zum ersten Mal wird 1161 ein Burgherr namens Godehart von Scharfenstein urkundlich erwähnt. Die Burg selbst war jedoch bereits um 1120 von Ludwig IV. von Thüringen, genannt „der Fromme“, in einer Fehde mit dem Erzbischof Siegfried II. von Mainz erobert und geschleift worden. Hier errichteten die Grafen von Gleichen Mitte des 13. Jahrhunderts eine neue Anlage, an der auch die Thüringer Landgrafen Lehnsrechte besaßen. Erzbischof Heinrich II. pachtete 1287 diese strategisch wichtige Feste von den Thüringern für das Erzbistum Mainz, und Erzbischof Gerhard II. konnte sie 1294 zusammen mit den Burgen **Gleichenstein** und **Birkenstein** von den verarmten Gleichensteinern käuflich erwerben. Scharfenstein war wegen finanzieller Schwierigkeiten im 15. und 16. Jahrhundert an die fehde- und raubzugfreudigen Herren von Wintzingerode verpachtet.

Die Grafen von Tonna-Gleichen waren im Besitz einer Burg namens **Velsecke** oberhalb des heutigen Wallfahrtsortes Klüschen Hagis. Der Thüringer Landgraf Heinrich Raspe ließ die Burg nach einer Fehde 1234 vollständig zerstören. Zwischen 1239 und 1246 veranlaßte Graf Heinrich von Tonna-Gleichen den Bau einer neuen Burg, genannt Gleichenstein.

Die am besten erhaltene Festungsanlage des Eichsfelds ist die Burg **Bodenstein** oberhalb von Wintzingerode. Urkundlich erstmals im Jahr 1098 erwähnt, war sie Sitz des Adelsgeschlechtes der Herren von Bodenstein. Verarmt veräußerten die Bodensteiner die Burg um 1250 an die Welfen, die sie 1293 an die Harzer Grafen von Hohnstein weiterverkauften. 1448 gingen Burg und Ländereien in den alleinigen Besitz der Herren von

Kupferstich der Ruine Greifenstein.

Wintzingerode über. Im Bauernkrieg zerstört, aber sofort wieder aufgebaut, entwickelte sich die Burg unter Berthold von Wintzingerode zu einem Mittelpunkt des Widerstands des protestantischen Adels gegen die Rekatholisierung des Eichsfelds.

Links: Burg Scharfenstein mit Besuchern. Oben: Burg Hanstein

Gleichenstein

An der Grenze zu Hessen liegt die Burg **Greifenstein**. Ihre Vorgeschichte verliert sich im Dunkeln. 1283 findet sich ein urkundlicher Hinweis auf einen Craflo de Grifenstin. Die Burgmannen mit ihren Raubzügen waren sowohl Erzbischof Konrad II. als auch dem Welfenherzog Otto von Braunschweig ein Ärgernis. 1397 ließen diese deshalb gemeinsam die Burg erobern und schleifen. Der Besitz wurde dem Bistum Mainz zugeschlagen. Im 16. Jahrhundert verlor die Burg ihre strategische Bedeutung, wurde aufgegeben und verfiel.
Der **Bischofstein** wird 1234 zum ersten Mal erwähnt. Die Burg gehörte wohl anteilig dem Landgrafen von Thüringen und dem Erzbischof Gerhard I. Wildgraf von Daun, der seinen Teil 1255 an den Edelfreien Gottschalk von Plesse im Leinetal übertrug. Dessen Erben mußten 1282 ihren Teil aus Geldmangel an Herzog Albrecht von Braunschweig veräußern, der ihn den Herren von Hardenberg verpfändete. Im Dreißigjährigen Krieg wurde die Burg zerstört. Aus dem vorhandenen Steinmaterial der Ruine Bischofstein ließ Kurfürst Johann Karl Friedrich von Ostein im Jahr 1747 ein Schloß als Sommerresidenz der Mainzer Erzbischöfe errichten.
Die Burg **Hanstein** an der Werra wurde Anfang des 11. Jahrhunderts durch Otto von Northeim, zugleich Herzog von Bayern, auf alten frühgeschichtlichen Anlagen errichtet. Kaiser Heinrich IV. sah die Festung als Bedrohung für die Verkehrswege an und ließ sie 1070 nach der Schlacht bei Eschwege zerstören. Otto von Northeim aber leitete schon 1075 einen Neubau in die Wege. 1209 erhielt Erzbischof Siegfried II. von Eppstein Burg und Gericht Hanstein aus der Verfügungsgewalt des welfischen Kaisers Otto IV. Damit konnte der Mainzer Besitz zur Werra hin und zum Einflußbereich der Landgrafen von Thüringen gesichert werden. Burg Hanstein überstand alle Belagerungen und Fehden, wurde jedoch Mitte des 16. Jahrhunderts von ihren Herren verlassen, die sich Gutssitze in den umliegenden Dörfern anlegten. Heute ist die malerische Ruine ein beliebtes Ausflugsziel.
Die Festungsanlage auf dem **Rusteberg** westlich von Heiligenstadt war im Mittelalter eine der bedeutendsten Burgen des Eichsfeldes. Die Anlage überwachte den Eintritt in das Eichsfeld vom Leinetal her. Wahrscheinlich befand sich die Burg schon vor 1123 im Besitz der Erzbischöfe von Mainz. Auf der Burg amtierte der Stellvertreter der Erzbischöfe für das Eichsfeld und die Mainzer Besitzungen im angrenzenden Hessen. Er gebot über den größten Eichsfelder Verwaltungsdistrikt, zu dem 16 Dörfer gehörten. Die Bischöfe von Mainz logierten in ihrer Funktion als Landesherren des Eichsfelds mehrfach auf dem Rusteberg, zogen aber im 14. Jahrhundert Heiligenstadt als Aufenthaltsort vor. Mit dem Umzug des Amtes Rusteberg nach Heiligenstadt 1540 begann der Verfall der Burg.

Die am besten erhaltene Festungsanlage des Eichsfelds ist die Burg Bodenstein.

Westernstadt im Harz

Pullman City II liegt am Ortsrand der Stadt Hasselfelde, in der wunderbaren Gegend des Naherholungsgebietes des Ostharzes. Auf einem Areal von 100.000 qm wurde im Landkreis Wernigerode eine Westernstadt nachgebaut, die in der Mitte des 19. Jahrhunderts anzusiedeln ist. Nur unweit vom Brocken entfernt fühlt sich der Besucher in die Vergangenheit der amerikanischen Kultur und Geschichte zurückversetzt. Pullman City II ist dabei völlig gewaltfrei, daß heißt, es wird nicht geschossen und auf jegliche Gewaltverherrlichung verzichtet. Die Westernmetropole bietet ein breites Unterhaltungsprogramm mit wechselnden Showeinlagen für die ganze Familie.

Treffpunkt nicht nur für Niedersachsen

Einladend - nicht nur für Reisende - präsentiert sich in zentraler Lage an der B27 zwischen Göttingen und Harz in Gieboldehausen, Am Schützenplatz 1, das Hotel und Restaurant Niedersachsenhof. Der Marktflecken Gieboldehausen mit seiner mehr als 1.000jährigen Geschichte hat sehenswerte Fachwerkgebäude, romantische Winkel sowie ein malerisches Schloß - im Jahr 1528 im Fachwerkstil erbaut - zu bieten. Das ehemalige Schützenhaus aus dem Jahr 1951 erhielt 1986 mit Abschluß umfangreicher Sanierungs- und Umbaumaßnahmen seinen neuen Namen. Seither präsentiert sich der Niedersachsenhof als moderner Gastronomie- und Hotelbetrieb. Der beliebte Treffpunkt verfügt über einen variabel teilbaren Saal für bis zu 600 Personen, nutzbar für Familienfeiern, Vereinsfeste und Veranstaltungen wie Hochzeitsmessen. Restaurant, Clubräume, ein gemütlicher Bier- und Cafégarten sowie sieben Doppel- und Einzelzimmer mit Dusche/ WC stehen den Gästen zur Verfügung. Seit Juli 2003 offeriert der erfahrene Eichsfelder Gastronom Hans-Henning Mente im Niedersachsenhof eine attraktive kulinarische und kulturelle Vielfalt. Neben saisonalen Spezialitäten wie Spargel, Pfifferlingen, Matjes, Wild und Gänseessen stehen Eichsfelder Schlachteplatten auf der Speisekarte. Abwechslungsreiche Aktionsbüffets, Festmenüs, Fondue-Abende, Highlights wie „Ungarische Wochen“ (oben) sowie Live-Musik, Parties und Cabaret-Abende runden das Programm ab. Die große Nachfrage macht Reservierungen unter 05528/ 92400 für das Nudelbüffet (freitags), das Chinesische Büffet (samstags) und das sonntägliche Mittagsbüffet erforderlich.

Sündhaft gute Spezialitäten

Zu den herausragendsten Visitenkarten der Region zählen neben dem Eichsfelder Feldgieker die Kälberblase und die Stracke. Diese Mettwurstspezialitäten sind der Salami ähnlich. Sie werden jedoch nach alten Hausrezepten aus Schweinefleisch hergestellt und reifen anschließend in Lehmwurstkammern an der Luft. Verwendung finden nur artgerecht gefütterte Hausschweine, die traditionell donnerstags geschlachtet werden. Bereits 1844 schreibt der Heimatdichter Dr. Carl Hellrung in seinem Buch „Die goldene Mark Duderstadt“: „Feldkyker ist eine lange Schlackwurst in dickem Darm, der seinen Namen davon erhalten haben mag, weil derselbe in die Rock- oder Jagdtasche gesteckt, daraus hervorragt, respektive ins Feld kykt.“ Darüber hinaus berichtet Hellrung von Duderstädter Gerichten wie „Kläbchen“ und Salzkuchen. In der katholischen Gegend wurde jahrhundertelang die Tradition des „Fastenfreitags“ und somit der Verzicht auf Fleisch gepflegt. Urteilt ein Eichsfelder also: „Die Wurst kannst du auch am Freitag essen. Das ist keine Sünde“, so heißt das, diese tauge nichts. Über die einheimischen Produkte ist das nicht bekannt. Demnach müssen sie sündhaft gut sein. Belegt ist, daß schon um 1770 die Herrscher am Mainzer Hof und wenig später auch Goethes Kreise in Weimar die kulinarischen Genüsse aus dem Eichsfeld schätzten.

Die Leinefelder erinnern sich gern an eine andere Köstlichkeit. Hier hatte Carl Gunkel 1858 eine Senffabrik gegründet, die bis 1964 „Echten Leinefelder Tafelsenf“ produzierte. Seit 2000 stellt Apothekerin Dr. Gabriela Hentrich den Senf nach überlieferter Original-Rezeptur her.

Gemütliche Gastlichkeit im Geranien-Biergarten

Kleines Paradies an der Bundesstraße in Ferna: Der „Grenzsnak“ hat sich zum beliebten Treffpunkt für Familien, Trucker, Biker und Reisegruppen entwickelt.

Familienfreundlichkeit steht im Mittelpunkt bei Leander und Heike Müller, hier mit Enkel Henry. Für kleine Gäste gibt es ein Spielzimmer, einen Bachlauf im Hof sowie ein Tiergehege mit Esel, Ziegen, Kamerunschafen und Heidschnucken.

Gemütliche Gastlichkeit für Familien, Trucker, Einheimische und Durchreisende hat Familie Müller im Grenzsnak in Ferna zu bieten. Mit seinem Kollegen Stefan Pikowski eröffnete Gastronom Leander Müller 1991 das Landgasthaus. Zuvor hatten sie ein Jahr „Bratwurst & Co.“ an einem Imbißwagen vor dem alten Grenzgebäude verkauft. Seit 1996 sorgen nun Leander und Heike Müller gemeinsam mit ihren Söhnen Kevin (Foto am Grill) und Restaurantfachmann Tommy (Foto beim Service) für den reibungslosen Betrieb. Im ehemaligen „Knast“ des modernisierten Gebäudes schwingt Küchenchef Kevin das Zepter. Neben kulinarischen Spezialitäten des Eichsfeldes stehen gutbürgerliche Küche mit Produkten der Region, frische Forellen aus eigener Halterung, selbstgezüchtete Karpfen und ganzjährig selbstgezogenes Gemüse, Kräuter und Salat aus dem hauseigenen Gewächshaus auf der Speisekarte. Darüber hinaus bietet Familie Müller ein Kaminzimmer für Feiern bis zu 70 sowie einen Partyservice außer Haus für bis zu 200 Personen (Kontakt 036071/ 96243). Grillpartys im üppig blühenden, einzigartigen „Geranien-Biergarten“ mit musikalischer Unterhaltung im Sommer und Gänse-Essen ab November runden das Angebot ab. In einer Kooperation mit dem Bärenpark Worbis werden Eintritt und Verzehr für Kinder bis zu sieben Jahren miteinander verrechnet. Seit 1991 wurde der Gasthof regelmäßig mit dem Prädikat „Thüringer Gastlichkeit“ sowie 2003 mit dem IHK-Zertifikat Qualität durch Ausbildung ausgezeichnet. Für die Zukunft plant der Grenzsnak-Wirt die naturnahe Rekultivierung ehemaliger Wasserflächen, um seine Erlebnis-Gastronomie als Naherholungsziel auszubauen.

Ideal für Familien-, Vereins- oder Betriebsfeste sowie Polter- oder Großhochzeiten sind die Räumlichkeiten in der Birkunger Festhalle Siechen, die ebenfalls von Familie Müller bewirtschaftet wird. Hier können 20 bis 400 Personen rauschende Ballnächte oder Parties feiern und Konzerte genießen. Die Halle ist abteilbar. Darüber hinaus steht ein Clubraum zur Verfügung. Alle Leistungen werden auch als Party-Service angeboten.

„Zerbrecht das Joch, zerreißt die Ketten!"

Nach der Pariser Julirevolution wurde auch im Königreich Hannover der Ruf nach einer konkreten Durchsetzung von „Freiheit, Gleichheit und Brüderlichkeit" laut. An der Grenze zum Eichsfeld taten sich besonders Osterode und Göttingen durch revolutionäre Umtriebe hervor. Am 12. Januar 1831 erließ der hannoversche Generalgouverneur Herzog Adolf Friedrich von Cambridge (unten rechts) eine Proklamation für die Fürstentümer Göttingen und Grubenhagen, wozu auch das Untereichsfeld gehörte. Er geißelte Göttingen und Osterode als Horte öffentlicher Widersetzlichkeit gegen die Krone und drohte allen Nachahmern militärische Sanktionen an. Eine Drohkulisse hatte Hannover für den Süden seines Königreichs bereits aufgebaut: Die Regierung ließ in Northeim eine Division unter Generalmajor von dem Bussche Quartier beziehen. Duderstadt reagierte schnell. 23 ehr- und achtbare Bürger sammelten in der Stadt Unterschriften für den gemeinsamen Beschluß, sich nicht an der Revolte zu beteiligen. Für ihre löbliche Gesinnung erhielten die Duderstädter ein Dankschreiben, das der Magistrat drucken und als Dokument königlicher Treue an jede Familie zur Aufbewahrung für ihre Nachfahren ausgeben ließ. Der Herzog von Cambridge bedauerte, aus Zeitgründen nicht selbst nach Duderstadt kommen und den Bürgern persönlich danken zu können.

Der Bevölkerung im Eichsfeld ging es in den Folgejahren schlecht. Im Jahr 1847 kam es zur Hungersnot. In Duderstadt wurde eine Armenhilfe gegründet und in der Kurzestraße eine Suppenanstalt eingerichtet. Der Magistrat teilte Brot an die Bedürftigsten aus, und das Ursulinenkloster gab Mittagessen an die Armen ab.

Die Nachricht von der Märzrevolution 1848 in Berlin fand bald Resonanz, da die Bewohner der Goldenen Mark eine Chance sahen, sich gegen Ungerechtigkeiten und Unterdrückung aufzulehnen. Bauern zogen vor die Rathäuser und forderten, ihnen den Zehnten zu erlassen. Von den Rittergutbesitzern erzwangen sie einen schriftlichen Verzicht auf Abgaben und Dienste. Herrensitze und Häuser von verhaßten Beamten wurden angegriffen.

Am 22. März 1848 zerstörten Aufständische aus Breitenbach die Zwangsarbeitsanstalt in Worbis, in der körperliche Züchtigungen an der Tagesordnung waren. Die dortigen Insassen wurden in die Freiheit entlassen, Webstühle, Waren und Akten gingen in Flammen auf. Es hieß, die Breitenbacher seien auf ihrem Zug „von einem Weib" angeführt worden, das eine rote Fahne vor sich her trug. Am 23. März stürmten und plünderten die Bauern der Gemeinde Struth das Kloster Zella (rechts). In Leinefelde rief der katholische Kaplan Kropp von der Kirchhofsmauer zur Revolution auf: „Zerbrecht das Joch, zerreißt die Ketten, Ihr Völker in Germanien! Jetzt ist es Zeit, euch zu erretten, dem Sklavenjoche zu entfliehen." Preußen zeigte sich unnachgiebig: Am 25. März waren Kürassiere ins Eichsfeld beordert worden. Sie stellten die Ruhe wieder her und verhafteten über fünfzig „Tumultanten", die auf die Feste Erfurt gebracht wurden. Im Königreich Hannover beruhigten sich die Gemüter, als am 18. Mai die ersten Wahlen zur Nationalversammlung begannen. Am Vorabend strömte Jung und Alt vor die Tore Duderstadts auf die Tagewiese und zog von dort auf den Pferdeberg. Bewohner aus der Stadt und dem Umland feierten bei bengalischem Feuer, Kanonendonner und einem großen Freudenfeuer bis in den frühen Morgen die beginnende Einigung der deutschen Länder. Das Ergebnis der Aufstände im Eichsfeld war rückblickend gesehen recht mager: Alle erpreßten Zugeständnisse wurden für nichtig erklärt, und der verursachte Schaden mußte von den Gemeinden ersetzt werden.

Richtfest der Duderstädter Hauptgeschäftsstelle 1935

Solide „calculiert" - trotz Hunger, Krieg und Feuer

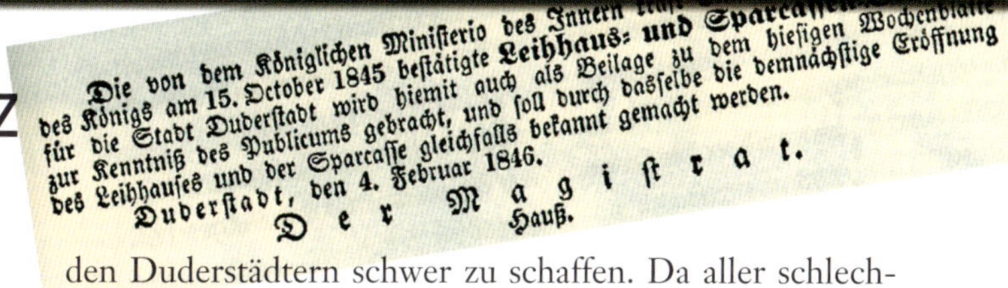

Die von dem Königlichen Ministerio des Innern
des Königs am 15. October 1845 bestätigte Leihhaus- und Sparcassen-
für die Stadt Duderstadt wird hiemit auch als Beilage zu dem hiesigen Wochenblatte
zur Kenntniß des Publicums gebracht, und soll durch dasselbe die demnächstige Eröffnung
des Leihhauses und der Sparcasse gleichfalls bekannt gemacht werden.
Duderstadt, den 4. Februar 1846.
Der Magistrat.
Hauß.

Nachdem die Hildesheimer Vogteiverwaltung schon am 10. Februar 1839 den Magistrat der Stadt Duderstadt erstmals auffordert, die Errichtung einer „Spar-Casse" in Erwägung zu ziehen, dauert es noch ganze sieben Jahre und zwei Tage, ehe am 12. Februar 1846 der erste Vorstand der „Sparcasse" Duderstadt gewählt wird. Ihren Betrieb nehmen die Herren Haber, von Sothen, Hertwig sowie Rechnungsführer Calculator Seppeler am 1. März in den im Rathaus befindlichen „Geschäftsräumen" auf. Aller Anfang ist weiterhin schwer: Die Hungersnot 1847 und das Revolutionsjahr 1848 machen den Duderstädtern schwer zu schaffen. Da aller schlechten Dinge drei zu sein scheinen, legt dazu ein Großfeuer am 19. September 1852 weite Teile der Stadt in Schutt und Asche. An Sparen können nur wenige denken. Duderstadt hat die am langsamsten wachsenden Spareinlagen aller Sparkassen.

Ab den sechziger Jahren des 19. Jahrhunderts geht es bergauf. Erst die beiden Weltkriege und die Inflation bringen noch einmal schwere Zeiten. Durch die darauf folgende Abriegelung der Zonengrenze und die daraus resultierende Randlage verliert die Sparkasse Duderstadt zudem noch Kunden aus 16 Ortschaften des Kreises Worbis. Doch auch hiervon erholt sich das Haus. Ab 1952 geht es bei den Spareinlagen aufwärts. 1960 wird erstmals wieder die Zehn-Millionen-Marke überschritten. 1972 schließt sich die Duderstädter Sparkasse mit der 1883 gegründeten Sparkasse Gieboldehausen zur „Zweckverbandssparkasse Duderstadt - Sparkasse des Untereichsfeldes" zusammen.

Der Auftrag: Weit mehr als „nur" Bankgeschäfte

Der Auftrag der Sparkasse umfaßt weit mehr, als „nur" Bankgeschäfte zu betreiben. Sie sichert allen Bevölkerungsschichten den Zugang zu modernen Finanzdienstleistungen und ist Hauptfinanzierer des Mittelstands. Darüber hinaus ist die Sparkasse ein bedeutender Arbeitgeber, Ausbildungsbetrieb, Steuerzahler und Auftraggeber in der Region. Mit ihrem vielfältigen gesellschaftlichen, sozialen und kulturellen Engagement demonstriert sie die enge Verbundenheit zum Untereichsfeld. Dazu hat die Sparkasse Duderstadt die Sparkassenstiftung Untereichsfeld gegründet, die sich die Bewahrung des kulturellen Erbes der Region auf die Fahnen geschrieben hat. Desweiteren unterstützt die Stiftung Projekte zur Verbesserung sozialer Strukturen und zur Erhaltung des Lebensraumes Eichsfeld.

Die Sparkasse fördert:

- Kulturelle Veranstaltungen (LNS-Kultursommer, Theater- und Konzertaufführungen, Händelfestspiele / Foto links, Niedersächsische Musiktage, Ausstellungen, plattdeutsche Lesewettbewerbe),
- Soziales und religiöses Engagement (Jugendprojekte, Würdigung des Ehrenamtes, Garten zum Leben, Emmaus),
- Schulen und Ausbildung (Berufsfindungsbörse, Planspiele, Schulwerkstattpreis, Eichsfelder Unternehmerforum),
- Sportliches Engagement (Niedersachsen-Rundfahrt / Foto, Deutsche Meisterschaften im Radball und Kunstradfahren, Roll around Duderstadt, Stille Stars des Sports),
- Aktivitäten zum Schutz von Natur und Umwelt (Aktion Frühjahrsputz, Umwelterziehung).

Die Sparkassenstiftung bewahrt das Lebenswerk des Eichsfelder Künstlers Friedrich Reimann (links „Ruhe auf der Flucht").

Hauptstellenneubau in Duderstadt

Vom Brunnen zur Leitung - Duderstadts Trinkwasser wird sauber

Brunnen bestimmten Jahrhunderte lang das innerstädtische Straßenbild. Sie waren Teil der Wasserversorgung ebenso wie der offene Brehmekanal als Lieferant für Brauchwasser und die „Ahlrinnen“ neben den Bürgersteigen zur Ableitung der häuslichen Abwässser.

Mit der gemeinschaftlichen Wassernutzung war ein gewichtiger sozialer Aspekt verbunden. Ähnlich den „Pipenbrüdern“ (Pipe = niederdeutsch für Rohr) in Braunschweig und Celle schlossen sich die Duderstädter bis zu Brunnennachbarschaften zusammen, die für die Unterhaltung und Pflege ihres Brunnens zu sorgen hatten. Ab 1849 übernahm der Magistrat Brunnenpflege und -verwaltung.
Verweigerte ein Bürger seinen Anteil, wurde ihm unter Verbandsausschluß die Brunnennutzung untersagt. An der Spitze der durchschnittlich 30 bis 40 Mitglieder zählenden Brunnen-Nachbarschaften standen die Brunnenvorsteher oder Brunnenherren, die ein Buch führten und die Statuten überwachten.
War eine Generalreinigung des Brunnens abgeschlossen, pflegte man über zwei bis drei Tage ein feucht-fröhliches „Brunnensauberfest“ zu feiern. Dieser Brauch läßt sich seit Ende des 16. Jahrhunderts nachweisen, wurde jedoch 1725 vom Rat wegen zu großer Ausschweifungen und übermäßigen Bierkonsums verboten.

Die öffentlichen Pumpbrunnen - ihre Zahl stieg im Zeitraum 1801 bis 1922 von 18 auf 24 - stellten zusammen mit den privaten Wasserentnahmestellen auf den Grundstücken die Trinkwasserversorgung der Bevölkerung sicher.
Ihrer Konstruktion nach waren die Straßenbrunnen überwiegend Schachtbrunnen, gefertigt aus sandsteinernem Bruchsteinmauerwerk oder übereinander gelegten Zementrohren in späterer Zeit. Problematisch war die unmittelbare Nähe zu den abwasserführenden Straßenrinnen und Abortgruben, denn dadurch wurde das Trinkwasser gesundheitsgefährdend verunreinigt.
Diese Mißstände wurden durchaus wahrgenommen. 1918 forderte der Königliche Kreisarzt des Kreises Duderstadt, Dr. Roehrig, die Schließung des Brunnens in der Steintorstraße, nachdem er dessen Verseuchung attestiert hatte.
Auch die Analyse der Landesanstalt für Wasserhygiene 1922 war niederschmetternd: Sämtliche Wasserproben von 19 untersuchten Brunnen wiesen Kolibakterien und erhöhte Keimzahlen auf. Mit 585 Kolibakterien in zehn Kubikmetern Wasser war der Brunnen an der Unterkirche am stärksten belastet, die höchste Keimzahl wurde in einem Brunnen der Hinterstraße nachgewiesen.
Eine wiederholte Typhusepidemie 1922 mit 95 Krankheits- und 22 Todesfällen brachte schließlich den schon lange geforderten Bau einer zentralen Wasserleitungsanlage für die Stadt und den Kreis Duderstadt in Gang. Mit dem ersten Spatenstich am 2. August 1926 bei Ecklingerode begann der Bau der Wasserleitung durch die Bremer Firma Carl Francke. Der Abschluß der Arbeiten am Stadtrohrnetz wurde euphorisch mit einem „Wasserleitungsball“ im Schützenhaus am 28. April 1928 gefeiert.

Pumpbrunnen in der Westertorstraße. Rechts: Kanalisationsarbeiten (1926-28).

Eichsfelder entdeckt den Neandertaler

Ein gebürtiger Leinefelder, Johann Carl Fuhlrott (rechts), entdeckte 1856 in einer Felsgrotte bei Düsseldorf die sterblichen Reste des Neandertalers (unten links), eines engen Verwandten des heutigen Menschen. Fuhlrott, geboren 1803, ging auf das Gymnasium in Heiligenstadt, studierte in Bonn zunächst katholische Theologie, wandte sich dann aber den Naturwissenschaften zu. Nach seinem Examen arbeitete er von 1828 bis 1830 am Gymnasium in Heiligenstadt, danach als Lehrer an der Realschule in Elberfeld. 1835 erwarb er den Doktorgrad an der Uni Tübingen und erhielt dort 1862 den Professorentitel.

Seine Entdeckung hielt er zu Recht für die fossilen Reste einer ausgestorbenen Menschenart, des Homo neanderthalensis. Seine Publikation über den Neandertaler fiel 1859 zusammen mit Darwins Werk „Über den Ursprung der Arten“. Zunächst wurde sein Fund verkannt. Der berühmte Mediziner Rudolph Virchow hielt die Knochen sogar für die eines rachitischen Soldaten aus Napoleons Armee. Schließlich aber würdigte Charles Darwin in seiner Schrift „Die Entstehung des Menschen“ (1871) die Verdienste Fuhlrotts, der den Beweis erbracht hatte, daß vor und parallel zum heutigen Menschen mit dem Neandertaler eine andere Menschenart gelebt hatte, und den Evolutionsgedanken somit auf eine solide Grundlage stellen konnte. Fuhlrott starb 1877 in Elberfeld. Eine Gedenktafel in Leinefelde erinnert an den großen Sohn der Stadt.

Theodor Storm: Richter und Dichter

Im Jahr 1856 stellte Heiligenstadt einen Kreisrichter an, der 1817 in Husum geboren worden war: den Rechtsanwalt Theodor Storm (rechts). Dieser hatte seine Heimat während der Befreiungskriege gegen die Dänen verlassen müssen, da er an einer Volkserhebung gegen die dänische Herrschaft in Schleswig teilgenommen hatte und dem dänischen König keinen Treueeid leisten wollte.

Nach kurzer Zwischenstation in Potsdam fand Storm in Heiligenstadt die ersehnte Anstellung, die ihm zudem genügend Zeit für sein dichterisches Schaffen ließ. Die Stadt wies dem Richter und Dichter Amtsräume im Schloß an, wo er nach eigenen Angaben „für gewöhnlich zweimal in der Woche Bagatelltag (mit je 20 bis 24 Terminen) und noch einmal Kriminalsitzung“ hatte.

Die Novellen „Späte Rosen“, „Knecht Ruprecht“ „Drüben am Markt“ und „Veronika“ verfaßte Storm im Eichsfeld. In der Novelle „Im Schloß“ brachte er seine demokratische Gesinnung zum Ausdruck. Storm konzipierte in Heiligenstadt auch eine Reihe von Märchen - so „Bulemanns Haus“, „Die Regentrude“ und „Der Spiegel des Cyprianus“. 1859 gründete er den Gesangverein „Liederkränzchen“ und begleitete die Darbietungen des Chors am Klavier. Als begeisterter Wanderer besuchte er mit seiner Familie besonders gern die Burg Hanstein und die Teufelskanzel, die sich in seiner Novelle „Die Malerarbeit“ niederschlug.

Nachdem im Deutsch-Dänischen Krieg 1863 preußisch-österreichische Truppen die Dänen besiegt hatten, verließ Storm nach acht Jahren das Eichsfeld. Die Husumer Bürger hatten ihn als Landvogt in seine Heimat zurückgerufen. „Mir ist, als schiede ich von einer zweiten Heimat“, kommentierte der Dichter seinen Weggang. Theodor Storm erkrankte 1887 an Magenkrebs und starb am 4. Juli 1888. Sein berühmtestes Werk, die Novelle „Der Schimmelreiter“, konnte er noch vor seinem Tod fertigstellen. In den Lebenserinnerungen seiner Tochter Gertrud heißt es: „Nach Vaters Erzählungen umschloß das Wort ‘Heiligenstadt’ etwas so Schönes, Wundervolles für uns, so daß ich mich scheute, es zu betreten...“

Theodor Fontane, mit Storm eng befreundet, mahnte die Bürger Heiligenstadts zum pfleglichen Umgang mit ihrem talentierten Musensohn:

„O Heiligenstadt, beschütz den Mann,
Daß er noch vieles dichten kann.“

Die Heiligenstädter nahmen sich diesen Aufruf zu Herzen: Storms Wohnung in der oberen Etage in der Wilhelmstraße 73 steht seit 1988 Besuchern offen, ein ihm gewidmetes Literaturmuseum (unten) lädt zu „Stormtage“ ein; und der Fußgänger kann in der Stadt einer überlebensgroßen Statue des Dichters begegnen, die von Werner Löwe geschaffen wurde. Auch das Gymnasium der Stadt wurde nach Storm benannt.

Arbeiten und Leben in der Fremde

„Im Frühjahr, sobald die erste Lerche in den blauen Lüften des eichsfeldischen Hochlandes ihr Liedchen singt, zieht eine Schar arbeitskräftiger und arbeitslustiger Bewohner in entfernte Gegenden, weil bei überfüllter Bevölkerung ihm eine sterile Heimat keine Nahrung und Arbeitsverdienst gewährt", so schrieb Mitte des 19. Jahrhunderts ein Wollzeugfabrikant aus Dingelstädt.

Fehlende Arbeitsplätze, aber auch die geringen Erträge auf Feldern, die durch Erbteilung immer kleiner wurden, der Niedergang der häuslichen Gewerbe und eine hohe Bevölkerungsdichte waren die Gründe für die hier beschriebene fast idyllisch anmutende berufliche Mobilität der Eichsfelder Bevölkerung im 19. Jahrhundert. Zwischen dem Beginn des 18. und des 19. Jahrhunderts hatte sich die Zahl der Bewohner in der Region von etwa 40.000 auf etwa 80.000 verdoppelt – es kam zu einem Verdrängungsprozeß, der Wanderarbeit, Abwanderung und Auswanderung zur Folge hatte.

Als erste hatten sich Eichsfelder Wollkämmer Arbeit in der Fremde gesucht. Um 1820 zogen jährlich rund 4.000 zur Zeit der Schafschur nach Hessen, ins Sauer-, Paderborner- und Münsterland, nach Hannover, Sachsen oder Mecklenburg. Der eigentliche Höhepunkt der saisonalen Wanderarbeit lag jedoch zwischen 1830 und 1880: Tausende Mädchen und junge Frauen verdingten sich auf den Zuckerrübenfeldern und im Zichorienanbau in der Magdeburger Börde oder in den Spargelpflanzungen nördlich des Harzes. Tausende Männer suchten als Maurer, Ziegler, Zimmerer oder Dachdecker Arbeit in den neu entstehenden Industriegebieten, im Straßen-, Brücken- oder Eisenbahnbau. Viele von ihnen siedelten sich schließlich an ihren neuen Arbeitsorten an.

Es waren in der Regel Einzelpersonen – junge Leute oder Väter armer Familien – die im März/April ihre Dörfer verließen und gewöhnlich im November/Dezember zurückkehrten. Die meisten hatten schon vor ihrem Aufbruch feste Vereinbarungen mit ihren Arbeitgebern getroffen. Um überhaupt einen – wenn auch geringen – Lohn zu verdienen, nahmen sie die lange Trennung von ihren Familienangehörigen und die meist elenden Lebensbedingungen dieser Arbeit in Kauf.

Die Kapellen der Wandermusikanten bestanden meist aus einer böhmischen Hakenharfe als Grundinstrument, die oft von einer Frau gespielt wurde, dazu aus Gitarren, Violinen, ergänzt durch Cello oder Flöte.

Unten links: Die New Yorker Freiheitsstatue war häufig das erste, was Neuankömmlinge von ihrer neuen Heimat, den Vereinigten Staaten von Amerika, zu sehen bekamen.

„Mit der Harf′ und Fidel in der Hand woll′n wir wandern durch das ganze Land"

Eine besondere Gruppe unter den Wanderarbeitern bildeten die Wandermusikanten. Vor allem das Dorf Hundeshagen im Kreis Worbis ist als Wandermusikantendorf bekannt geworden. 1867 gab es hier 214 Musiker, 1908 gehörten sogar 600 der damals 1.300 Bewohner zu dieser Berufsgruppe, davon 112 Frauen. Aber auch aus dem obereichsfeldischen Reinholterode und aus verschiedenen Orten im Untereichsfeld zogen Kapellen zum Musizieren in die Ferne. Wie bei den anderen Wanderarbeitern war auch hier nicht die Wanderlust, sondern die wirtschaftliche Not das ausschlaggebende Moment. Während die Blaskapellen mit bis zu 18 Mitgliedern hauptsächlich Tänze und Marschmusik spielten, gehörten zum Repertoire der Harfengruppen vor allem volkstümliche Lieder und Schlager. Meist setzten sich die einzelnen Instrumentalgruppen aus Mitgliedern einer Familie oder nahen Verwandten zusammen. Die Kinder lernten das Spielen von den Älteren und zogen oft bereits mit 14 oder 15 Jahren mit den Kapellen von Ort zu Ort. Die Gruppen spielten auf Straßen und Plätzen, in Lokalen oder bei Großveranstaltungen wie dem Münchner Oktoberfest oder der Leipziger Messe. Meist dauerte die Zeit der Reisen vom Frühjahr bis zum Herbst, wobei sich die Wanderrouten bis nach Holland, Luxemburg, Elsaß-Lothringen oder sogar weit nach Rußland erstrecken konnten. Während dieser Reisen lebten die Musiker bescheiden, um einen möglichst großen Anteil des erspielten Lohns mit in ihre Heimatdörfer bringen zu können, wo sie die Wintermonate verbrachten. Manche gelangten auf diese Weise sogar zu einem bescheidenen Wohlstand.

Neben der Wanderarbeit und der Abwanderung in deutsche Regionen mit besseren Arbeitsangeboten gab es nur die Möglichkeit, in andere Länder auszuwandern. Etwa acht Prozent aller deutschen Auswanderer zwischen 1834 und 1867 stammten aus dem Königreich Hannover, wobei hier das Untereichsfeld weit über dem Landesdurchschnitt lag. Insgesamt waren es etwa 1.200 Menschen, die von hier auswanderten, allein aus Duderstadt etwa 500 Personen im Zeitraum zwischen 1815 und 1888. Aber auch Gieboldehausen, Lindau, Bilshausen oder Rollshausen hatten hohe Auswandererzahlen aufzuweisen.

Wichtigstes Ziel der Auswanderer war Nordamerika. Vor allem junge Menschen, viele von ihnen Handwerker, wollten dort eine neue Zukunft aufbauen wollten, aber es wanderten auch ganze Familien aus. Oft hatten vorher bereits Verwandte diesen entscheidenden Schritt gewagt. Aber nicht alle Auswanderer fanden in der neuen Welt das ersehnte Glück; denn nicht selten erwiesen sich die Versprechungen, mit denen die Auswanderungsagenten gelockt hatten, als falsch. Und nicht alle gingen freiwillig: So übernahm im Jahr 1854 die Gemeinde Gieboldehausen für die beiden entlassenen Sträflinge Stephan Arend und Johannes Weitemeier die Kosten für die Überfahrt nach Amerika, um sie auf diese Weise loszuwerden. Und im Jahr 1857 wurde der vagabundierende Gustav Kühlwein, der mehrfach mit Brandstiftung gedroht hatte und so zu einer öffentlichen Gefahr geworden war, ebenfalls auf Kosten der Gemeinde zu Verwandten nach Amerika geschickt.

Zeit-Sprung 1860 / 2004. Johanna und Sebastian machen sich - wie in jedem Jahr - auf die Wanderung zu ihren Arbeitsstellen im Magdeburgischen: Johanna hat einen Vertrag bei einem Domänenbesitzer, Sebastian beim Eisenbahnbau. Sie haben kaum die Landstraße erreicht, als fauchend ein Ungetüm neben ihnen hält. Nach kurzem Zögern steigen beide ein und lassen sich von "Trucker Dieter" erklären, daß diese "Lokomotive" keine Schienen braucht und so stark ist wie 800 Pferde.

Preußischer Kanonendonner auf der Talwiese

Seit 1815 war das Untereichsfeld als Bestandteil des Königreichs Hannover in der Hand der Welfen. Die Politik König Georgs V. war nicht wie die seines Vaters Ernst August preußenfreundlich orientiert. Er lehnte sich politisch an Österreich an. Obwohl Preußen und Österreich erfolgreich gemeinsam gegen Dänemark zu Felde gezogen waren – Eichsfelder Soldaten hatten 1864 an den Düppeler

Preußische Soldaten bei der Ankunft in ihrem privaten Quartier. Ob die Freude beim Quartiergeber immer so groß war wie auf diesem Bild, darf allerdings bezweifelt werden.

Schanzen mitgekämpft und waren ausgezeichnet worden – gab es zwischen ihnen einen erbitterten Machtkampf um die Vorherrschaft im „Deutschen Bund". Soldaten des Untereichsfelds zogen nun für Hannover, das auf Seiten Österreichs stand, in den Krieg gegen Preußen, auf dessen Seite auch Obereichsfelder kämpften.

König Georg V. hatte am 21. Juni 1866 in Göttingen in seiner Rede „An meine Hannoveraner" zum Kampf gegen Preußen aufgerufen und war danach über Heiligenstadt und Mühlhausen nach Langensalza gezogen, um sich mit der bayerischen Armee zu vereinigen. Nur wenige Tage später wurden dort die hannoverschen Truppen, zu denen auch 41 Duderstädter gehörten, vernichtend geschlagen. Am 29. Juni kapitulierte Hannover. König Georg V. dankte ab, flüchtete mit seiner Frau, Königin Marie, und dem Kronprinzen nach Österreich ins Exil.

Nun setzte Otto von Bismarck (oben) die von vielen Deutschen ersehnte politische Einheit im Zeichen preußischer Hegemonie gewaltsam durch. Schon im August 1866, kurz nach dem preußischen Sieg in der Schlacht von Königgrätz und der Auflösung des von Österreich dominierten „Deutschen Bundes", vereinigten sich Preußen und 17 norddeutsche Kleinstaaten vertraglich zum „Norddeutschen Bund". Am 3. Oktober 1866 erließ König Wilhelm I. von Preußen – unrechtmäßig – das Annexionspatent über Hannover. Damit war auch das Untereichsfeld an Preußen gefallen. Die offizielle Verkündigung der Einverleibung Hannovers fand am 8. Oktober in Duderstadt auf der Talwiese statt. Major von Thielau ließ das in der Stadt liegende Bataillon Aufstellung nehmen, verlas die Proklamation, und unter

Im Hintergrund die Flagge des deutschen Kaiserreiches (1871-1918) und Kaiser Wilhelm I.

Kanonendonner brachten Soldaten und Bürger ein Hoch auf den neuen Landesherren aus. Die Stadt hatte preußisch schwarz-weiß geflaggt.

Eine nennenswerte Opposition gegen den Anschluß hat es zwar nicht gegeben, aber die Untereichsfelder teilten sich nun in Preußenfreunde und Welfentreue, zwischen denen es – wie eine Gieboldehäuser Chronik zeigt – im Wirtshaus auch schon einmal zu tätlichen Auseinandersetzungen kam. Frankreich empfand den preußischen Sieg über Österreich 1866 wie eine eigene Niederlage. Nach diplomatischen Verwicklungen erklärte Frankreich am 19. Juli 1870 Preußen den Krieg, auf beiden Seiten getragen von nationaler Begeisterung und vom Glauben an die deutsch-französische Erbfeindschaft. Am 1. September wurde Napoleon III. gefangengenommen, Frankreich kapitulierte am folgenden Tag. Die süddeutschen Staaten traten dem Norddeutschen Bund bei, der sich dadurch zum Deutschen Reich erweiterte, und am 18. Januar 1871 wurde im Spiegelsaal des Schlosses von Versailles der preußische König Wilhelm I. zum Deutschen Kaiser ausgerufen.

Georg V. war der letzte König von Hannover. Er erblindete im Alter von 13 Jahren, mußte nach der Niederlage seiner Truppen 1866 abdanken. Er ging nach Österreich ins Exil.

Neuer Abschnitt in der Geschichte von St. Martini: Vinzentinerinnen übernehmen das Alters- und Wohnheim mit angeschlossener Krankenanstalt

Am 7. Februar 1866 schließen Schwester M. Theodora, Oberin des Klosters der Barmherzigen Schwestern vom Heiligen Vinzenz von Paul zu Hildesheim, und Bürgermeister Freericks zu Duderstadt einen Vertrag. Dessen Inhalt ist die Übernahme der Stiftung des Hospitals ad Sanctum Martinum mit verbundener Krankenanstalt durch die Barmherzigen Schwestern. Noch am gleichen Tag setzt die Würdige Mutter M. Theodora Schwester Katharina als Schwester Dienerin, wie sie dem damaligen Brauch entsprechend als Oberin genannt wurde, in St. Martini ein.

Der Graphiker Paul König aus Hildesheim lieferte 1961 den Entwurf für das große Fenster des Altersheimes, das St. Martini in Geschichte und Legende darstellt.

„Groß waren die Opfer, die wir in Duderstadt bringen durften, aber groß war auch unsere Freude.“
Schwester Oberin M. Katharina, 1867

Am 28. April 1960 beschließt der Stadtrat, den Barmherzigen Schwestern Grundstück und Gebäude für die Errichtung eines neuen Altersheimes kostenlos zu übergeben. Beides zusammen hat einen Wert von 75.000 Mark. Ein Jahr später werden die alten Stallungen abgerissen, um Platz für ein Altersheim zu schaffen. Anfang Mai 1961 beginnt der Neubau. Im Oktober 1962 ist er bezugsfertig. Die Einweihung erfolgt am 11.

November durch Domkapitular Probst Ernst im Beisein der Würdigen Mutter M. Tabitha. 1986 schließt sich der Anbau zur umfangreichen Erweiterung des Altenpflegeheimes St. Martini an. Seither bietet es 66 alten Menschen ein lebenswertes Zuhause.
Es ist das Bestreben der Mitarbeiter des Altenpflegeheimes, den Bewohnern trotz Alters, Erkrankung und Pflegebedürftigkeit ein möglichst eigenständiges Leben in dieser Einrichtung zu ermöglichen. Dabei steht die Individualität jedes Einzelnen im Mittelpunkt. Durch die unmittelbare Nähe des Heimes zum Krankenhaus ist die medizinische Versorgung der Bewohner jederzeit gewährleistet.
Seit 1995 ist Schwester M. Notburga Oberin des Altenpflegeheimes und des Krankenhauses St. Martini in Duderstadt.

...für den Menschen (vinzentinische Spiritualität)

Die Kapelle (auch Fotos oben links) am Altenpflegeheim entstand 1443. Sie wurde regelmäßig aufwändig saniert und restauriert.

Wechselvolle Eichsfelder Eisenbahngeschichte: Mit Volldampf aus dem „Dornröschenschlaf“

28 Jahre nach der Fahrt des ersten Eisenbahnzuges in Deutschland von Nürnberg nach Fürth beginnt im Eichsfeld das Eisenbahnzeitalter: Am 9. Juli 1867 wird die Strecke von Nordhausen nach Arenshausen feierlich in Betrieb genommen. Bis 1914 entstehen insgesamt acht Strecken, die ganz oder teilweise das Eichsfeld berühren. 1870 wird die Verbindung nach Gotha in Betrieb genommen, 1889 erhält Duderstadt seinen Bahnanschluß von Wulften her, drei Jahre später wird die Lücke in Richtung Leinefelde geschlossen (Bild Mitte: Letzter Zug 27.6.2001). 1897 verkehrt der erste Zug auf der berühmten Kanonenbahn von Leinefelde nach Eschwege, 1907 erhält Duderstadt seinen zweiten Bahnanschluß mit der Kleinbahn nach Göttingen. Als letzte Schienenwege im Eichsfeld werden 1911 (Bleicherode)-Bischofferode-Rhumspringe-(Herzberg) sowie 1913 die Kleinbahn Silberhausen-Hüpstedt und die Zahnradbahn Heiligenstadt-Schwebda-Eschwege fertiggestellt. Die deutsch-deutsche Teilung stellt eine erste Zäsur dar: Fünf Strecken werden unterbrochen, nur eine wird nach der Wende wieder aufgebaut. Der rasch ansteigende Individualverkehr tut ein übriges: Im Jahr 2004 rollen nur noch auf zwei Bahnlinien im Eichsfeld regelmäßig Züge.

Zu ihnen gehört die Strecke Nordhausen-Arenshausen mit dem am 1. August 1867 eingeweihten Anschluß über Friedland nach Göttingen. Am 13. März 1872 wird Arenshausen mit Hann. Münden und Kassel verbunden, womit sich der Schienenstrang zu einer der wichtigsten Ost-West-Verbindungen überhaupt entwickelt: Zahlreiche Schnellzüge verbinden das Eichsfeld mit Großstädten wie Berlin, auch der Güterverkehr zwischen den Industrieregionen Halle und Ruhrgebiet ist bedeutend. Nach Kriegsende fahren noch bis 1947 Heimkehrerzüge über die Zonengrenze, anschließend ist in Arenshausen „Schluß“. 43 Jahre später, am 26. Mai 1990, hat der „Dornröschenschlaf“ ein Ende: Eduard Schneemann, schon vor Kriegsende dort beschäftigt, gibt per Kelle einem festlich geschmückten Dampfsonderzug den Abfahrauftrag auf den neuen (alten) Gleisen Richtung Eichenberg.

Heute bieten DB Regio (Bild oben rechts) und Erfurter Industriebahn einen modernen Regionalverkehr an: Die Linien Halle-Kassel sowie Göttingen-Chemnitz und Erfurt-Kassel über die noch bestehende Strecke nach Gotha verbinden das Eichsfeld mit wichtigen Knotenbahnhöfen. Und auch im Güterverkehr ist die Strecke wieder zu einer Magistrale geworden.

Fünf große Brücken, sechs Tunnel, kilometerlange Dämme und Einschnitte - das Kanonenbahn-Teilstück Leinefelde-Geismar (unten) dürfte die landschaftlich faszinierendste Eisenbahnstrecke im Eichsfeld gewesen sein. Sie ist Bestandteil der strategischen Verbindung Berlin-Metz - damals gedacht als „Aufmarschlinie“ gegen Frankreich. Auch diese Strecke wird durch die Grenze unterbrochen, bleibt aber bis Geismar in Betrieb. Anstehende Sanierungskosten bringen Ende 1992 das Aus. Mit Draisinenfahrten und dem Kanonenbahnlauf hält der Kanonenbahnverein Lengenfeld die Erinnerung an die „Strategische“ wach. An die Strecke nach Schwebda, die drei Zahnstangenabschnitte aufwies, erinnern die Eisenbahnfreunde Heiligenstadt (oben links) mit ihrer Fahrzeugsammlung im denkmalgeschützten Ostbahnhof. Ab 1947 wurde lediglich noch das Teilstück Heiligenstadt-Heiligenstadt Ost befahren. Ab und zu rollen hier sogar heute noch Züge, wenn die Eisenbahnfreunde zu Bahnhofsfesten einladen.

„Flüssiges Gold" aus dem Wasser der neun Quellen

Neun Quellen entspringen auf dem Areal, das der gelernte Brauer Carl Kuntze im Jahr 1867 in Worbis erwirbt. Die ehemalige Essigfabrik baut er zur Brauerei um. Schon am 17. September des Jahres rinnt das erste hier gebraute Bier durch durstige Kehlen. Der Grundstein für das Familienunternehmen ist gelegt. Die Söhne Carl und Thilo packen in der mit Handbetrieb bewirtschafteten Firma kräftig an. Kuntzes verschließen ihre Augen nicht vor dem Fortschritt. 1891 erleichtert eine Dampfmaschine die Produktion. Durch die hohe Qualität des heimischen Gerstensaftes steigt die Nachfrage nach dem „flüssigen Gold" jährlich. Kaufmännisches und handwerkliches Geschick der Söhne läßt die Brauerei nach dem Ausstieg des Seniors 1895 auch schwere Zeiten wie die Weltkriege und die Weltwirtschaftskrise überstehen. Nur kurze Freude haben Anna-Liese Wendt, geborene Kuntze, und ihr Ehemann Günther, als sie 1948 die Firmenleitung übernehmen. 1950 wird die Landwirtschaft enteignet, 1953 die Brauerei.

Erst 1993 geht diese wieder in Privatbesitz über. Einer der vier Gesellschafter ist Thilo Wendt, Nachkomme der Gründerfamilie. Geschäftsführender Gesellschafter wird Michael Laxy. Große Anstrengungen und Investitionen sind nötig, um aus dem dümpelnden Kahn ein manövrierfähiges Schiff zu machen. Bis 2004 entstehen in mehreren Schritten eine neue Abfüllinie, das neue Heizhaus, die neue Kälteanlage und das neue Sudhaus mit einer Gesamtinvestition von mehr als zwölf Millionen Mark. Die Mühe lohnt, denn schon 1994 beträgt die Umsatzmenge an Bier 6.000 Hektoliter. Bis 2003 gelingt es der Brauerei, diese Menge zu verfünffachen. Gebraut werden Neunspringer Premium, Pilsner, Dunkel, Bock, Radler, X-Mix und Doppel-Karamel. Neu im Jahr 2004 ist das Schwarzbier. Dem Trend entsprechend produziert Neunspringe in 2003 neben Bier bereits 14 alkoholfreie Erfrischungsgetränke, das zweite Standbein der Brauerei. Der Absatz liegt bei 54.000 Hektoliter.

„Genießt im edlen Gerstensaft des Weines Geist, des Brotes Kraft!" Ob zu früheren Zeiten im großen Holzfaß auf dem Pferdewagen oder im Jubiläumsjahr 2004 in glänzenden Stahlkesseln im modernen Sudhaus - Neunspringer Bier wird seit seinen Anfangstagen als Eichsfelder Qualitätsprodukt geschätzt.

„Ick wundere mir über jarnischt mehr"

Otto Reutter (unten) war der berühmteste Alleinunterhalter im Berlin der 1920er und 1930er Jahre. In mehr als tausend scherzhaft-satirischen Couplets, kurzen Liedern mit Titeln wie „Nehm'n Sie`nen Alten", „Der Blusenkauf", „Der Überzieher" oder „Sei modern" hielt der Künstler seinem Publikum den Spiegel vors Gesicht. Als Otto Pfützenreuter wurde er am 24. April 1870 in Gardelegen in Sachsen geboren. Seine Lehrjahre charakterisierte Reutter in einem autobiographischen Vierzeiler:

Wollte zum Theater / Krach mit dem Vater /
Kaufmann gelernt / heimlich entfernt.

Es folgten Wanderjahre, in denen Reutter das Theater als Bühnenarbeiter, Aushilfsdichter und Direktor eines Tingeltangels in all seinen Facetten, bis hin zur „Schmiere", kennenlernte. Ein Engagement am Berliner Apollo-Theater verhalf dem 25jährigen schließlich zum Durchbruch.

Reutters unablässige Bemühungen, den großen und kleinen Begebenheiten des Lebens auf der Spur zu bleiben, äußerten sich in der ständigen Überarbeitung seiner Verse. So manches Tagesereignis fand sich in der Abendveranstaltung in einer Couplet-Strophe wieder. Und was hat das alles mit dem Eichsfeld zu tun? fragt der geneigte Leser zu Recht. Gemach! Chronisten vermuten, daß sein Vater Andreas Pfützenreuter, ein ehemaliger Ulan, Gastwirt und Hausierer, aus Breitenbach bei Worbis stammte und der kleine Otto dort einen Teil seiner Jugend verbrachte. Auf jeden Fall aber „schmiß" Otto nach kurzer Zeit seine Lehrstellen als Kaufmannsgehilfe in Leinefelde und Worbis. 1910 wollte er Breitenbach einen Besuch abstatten, mußte diesen aber wegen einer Erkrankung absagen. So ganz ohne Wirkung kann das Eichsfeld aber nicht auf Reutter geblieben sein, denn warum sollte ein Lied über die Reiselust der Deutschen ausgerechnet auf das damalige „Armenhaus Preußens" zielen:

Gern ins Ausland reist der Deutsche,
er verbringt die Ferien da,
schweift zu gerne in die Ferne –
und das Gute liegt so nah.
Muß man denn ins Ausland reisen?
Schau den Harz voll Poesie –
und ganz korz glich hingerm Horze
läht doch´s Eichsfaeld dichte bi.

Sogar die unnachahmliche Mundart des Eichsfelds hat der Couplet-Dichter getroffen.

Und was hätte Reutter wohl dazu gesagt, daß die Eichsfeld-Chronik im Jahr 2004 versucht, ihn mit acht Zeilen für die Region zu vereinnahmen? Er hätte die Hände über dem Bauch gefaltet, den Kopf geschüttelt und gesungen: „Ick wundere mir über jarnischt mehr."

Walter Plathe (rechts) als Otto Reutter und Horst Maria Merz als Pianist in dem Bühnenstück „Alles weg'n de' Leut'" (Eichsfelder Kulturhaus, Heiligenstadt, 7. Februar 2003).

Sprachwissenschaftler, Missionar und Militärpfarrer

Das Eichsfeld hat ein Lied, ja eine Hymne: den „Eichsfelder Sang". Er stammt von dem am 9. März 1856 in Holungen geborenen Sprachwissenschaftler und Dichter Hermann Iseke (links) und wurde anläßlich der Hundertjahrfeier der Zugehörigkeit des Eichsfelds zu Preußen am 3. August 1902 der Öffentlichkeit vorgestellt. Die Melodie zum „Eichsfelder Sang" schrieb Carl Wisniewski, ein Musiklehrer am Heiligenstädter Lehrerseminar. In Mühlhausen und Heiligenstadt ging Iseke auf das Gymnasium, studierte in Göttingen und Greifswald Jura und promovierte in Jena. Als Referendar arbeitete er in Duderstadt. Auf der Suche nach einem neuen Lebensweg studierte Iseke in Münster Germanistik und Philosophie, dann entschloß er sich 1880, Geistlicher zu werden. In Eichstätt empfing er 1883 die Priesterweihe und wirkte ein Jahr als Kaplan in Dingelstädt. Als Militärpfarrer betreute er Truppen und Garnisonen in Metz, Hannover und Mühlhausen im Elsaß; als Missionar wirkte er von 1900 bis 1902 in China und von 1905 an in Afrika, wo er 1907 an Malaria starb. Isekes Leichnam wurde in seinen Heimatort überführt und am 24. Juli 1907 in der Nähe seines Elternhauses auf dem Friedhof von Holungen beigesetzt. Westlich des Dorfes wurde 1956 anläßlich des 100. Geburtstages von Hermann Iseke ein Gedenkstein errichtet (rechts).

Kulturkampf: Warum ein Eichsfelder auf Bismarck schoß

1871, im Jahr der Gründung des Deutschen Reichs, begannen Bismarck und sein Kultusminister Adalbert Falk, den Einfluß der katholischen Kirche systematisch einzuschränken. Weil Bismarck keine „Priesterherrschaft“ dulden wollte, setzte der protestantische Reichskanzler eine Reihe von Gesetzen durch, mit denen er der katholischen Kirche den Kampf ansagte. Daher wird die Zeit dieser Auseinandersetzungen mit dem Begriff „Kulturkampf“ bezeichnet. Der „Kanzelparagraph“ verbot der Geistlichkeit jede Einmischung in staatliche Angelegenheiten. Das Schulaufsichtsgesetz machte die Überwachung des Religionsunterrichts zur staatlichen Aufgabe. Der Staat führte zudem die obligatorische Zivileheschließung ein, eine kirchliche Trauung jedoch blieb erlaubt. Diese Gesetze bestehen bis heute.

Das „Jesuitengesetz“ verbot den Orden. Alle katholischen Klostergemeinschaften, die nicht der Krankenpflege dienten, wurden aufgelöst.

Von diesen Maßnahmen war besonders das Eichsfeld betroffen, das in Preußen eine Enklave darstellte, in der mehr als 90 Prozent der Einwohner katholisch waren. In dieser gereizten Atmosphäre griff ein psychisch labiler Mann zum Revolver: Am 13. Juni 1874 verübte der Böttchergeselle Eduard Kullmann in Bad Kissingen ein Attentat auf den Reichskanzler, der nur leicht an der Hand verletzt wurde (links). Der Vater Kullmanns stammte aus Breitenholz bei Leinefelde, wo Kullmann lange Zeit bei seinen Großeltern verbracht hatte. Er starb am 16. März 1892 im Zuchthaus zu Amberg.

Erbitterte Rivalen: Bismarck (links) und Papst Pius IX.

Die Schulschwestern vom Dritten Orden des Heiligen Franziskus lösten ihre Stationen in Gieboldehausen, Rollshausen, Nesselröden und Lindau auf. 1875 verließen die Augustinermönche ihr Kloster in Germershausen. Die Franziskaner räumten ihre Klöster auf dem Hülfensberg und dem Kerbscher Berg. 1877 erhielten die Ursulinen in Duderstadt den Befehl, das Kloster zu verlassen.

Die preußische Regierung ließ den Paderborner Bischof Konrad Martin, der im eichsfeldischen Geismar geboren worden war, inhaftieren. Dieser floh später in die Niederlande und nach Belgien. Die Verlesung eines Hirtenbriefes von Bischof Martin führte zur Verhaftung von 20 Priestern der Kreise Worbis und Nordhausen. Propst Johannes Lorenz an Liebfrauen zu Heiligenstadt mußte vom August 1876 bis März 1877 eine Gefängnisstrafe verbüßen. Der Pfarrer Aloys Sievers aus Seulingen saß 15 Monate im Gefängnis in Hameln und wurde 1875 ausgewiesen.

In der Bevölkerung regte sich Widerstand: Gottesdienste von Priestern, die die Gesetze des Kulturkampfes akzeptierten, wurden boykottiert, sie selbst angegriffen. Resignierend mußten die Behörden oft die Verfolgung flüchtiger Priester einstellen, „da die Mitwirkung des Publikums ohnehin nicht zu erwarten ist.“ Auch die Kirche wurde aktiv: Pfarrer, die sich an die Kampfgesetze hielten, wurden exkommuniziert, im Untergrund kursierten Predigtflugblätter von Bischof Martin.

Nach dem Tod von Papst Pius IX. im Jahr 1878 wurden die Kampfgesetze gelockert, teilweise sogar aufgehoben, denn Bismarck brauchte die Unterstützung der Kirche und der Zentrumspartei gegen die aufkeimende sozialistische Arbeiterbewegung. Die Franziskaner, Augustiner und Ursulinen kehrten ins Eichsfeld zurück. Erst 1917 aber wurde das Jesuitengesetz endgültig abgeschafft, der Kanzelparagraph sogar erst 1953 in der Bundesrepublik. In der DDR bestand er faktisch weiter.

Das Kreuz auf dem Hülfensberg ist 1933 zur Erinnerung an den großen Sohn des Eichsfeldes, den Bekennerbischof von Paderborn, Dr. Konrad Martin (rechts), errichtet worden.

1889 erwirbt Hermann Otto (oben stehend) einen Ausschank und macht aus ihm den „Gasthof zum Kronprinzen". 1920 übernehmen Franz Otto (links sitzend) und seine Frau Ludwina (rechts) die Leitung.

Vier Sterne leuchten den Weg nach Fuhrbach

Vier Sterne leuchten den Weg in einen kleinen Ort im Herzen des Eichsfeldes: Wer „königlich" logieren möchte, ist gut aufgehoben im „Hotel zum Kronprinzen". Hier „residierten" Persönlichkeiten wie Michail Gorbatschow, Roman Herzog und Heinz-Sielmann. Die Erfolgsgeschichte der Familie Otto getreu dem Motto „Wer nicht immer versucht, besser zu werden, hört auf, gut zu sein" reicht bis ins Jahr 1889 und findet ihren Anfang mit dem „Gasthof zum Kronprinzen". Die Geschichte des 1995 als Vier-Sterne-Hotel eingestuften Hauses beginnt 1956.

1889: Hermann Otto und seine Frau Emilie kaufen einen von Phillipp Wagner 1875 eröffneten Ausschank im Zentrum Fuhrbachs. In den historischen Akten des Kreisarchivs Göttingen ist aufgezeichnet, die Kreisbehörde erteile ihnen die Konzession nicht wegen „allgemeiner Bedürfnisse", sondern wegen der Ausstattung „mit Einrichtungen für bessere Stände". Familie Otto führt das Schankhaus nun unter dem Namen „Gasthof zum Kronprinzen" und bietet zwei gemütliche Fremdenzimmer. 1893 kauft Otto eine Scheune gegenüber des Hauses als Stellplatz für Fuhrwerke von Besuchern. Schon bald verbringen Gäste aus dem fernen Ruhrgebiet ihren Urlaub in Fuhrbach. 1920 übernimmt Franz Otto mit seiner Frau Ludwina die Leitung des Gasthauses und des angegliederten landwirtschaftlichen Betriebes. Nach dessen Tod 1951 geht die Betriebsführung auf seinen Sohn Franz-Josef über. Dieser läßt 1956/57 anstelle der Scheune einen Neubau errichten und baut nach seiner Hochzeit mit Annemarie das jetzt weithin bekannte Unternehmen zum Gasthaus mit Pension mit 25 Betten aus. 1977 schließt sich der Bau eines Festsaales, einer Kegelbahn, eines Tagungsraumes und weiterer 18 Fremdenzimmer an. Die Umwandlung in ein Hotel ist perfekt. Als Franz-Josef 56jährig verstirbt, übernehmen Annemarie, Sohn Franz-Josef jun. und Tochter Annette die Leitung. Seit 1. Januar 2004 sind Kerstin und Franz-Josef Otto verantwortlich. Mit Sohn Linus wächst bereits die fünfte Generation heran. In den folgenden Jahren wird durch einen Grundstückskauf, Umbauten und Aufstockung die Kapazität erhöht. Weitere Gästezimmer, Salons, Biergarten, Bierstube und Parkplätze entstehen. Am 21. April 1995 werden ein Wellnessbereich mit Sauna, Dampfbad und Solarium sowie ein neuer Tagungsraum, ein Lift und 23 neue Zimmer eingeweiht. 2004 bietet das Vier-Sterne-Hotel in 50 Zimmern Platz für 90 Übernachtungsgäste sowie Räumlichkeiten für mehr als 300 Festgäste.

Kardinal Dr. Kopp: Wo „Eminenz die Sorgen seines Amtes vergaß“

Der „größte Sohn“ und Ehrenbürger Duderstadts, einer der einflußreichsten Kirchenfürsten seiner Zeit auf dem Höhepunkt seiner kirchlichen Laufbahn: Dr. Georg Kopp, Fürstbischof von Breslau, empfängt am 18. Januar 1893 den roten Kardinalshut durch Papst Leo XIII.

Aus einfachen Verhältnissen stammend – am 24. Juli 1837 als Sohn des Bandwebers Ignaz Kopp und dessen Ehefrau Wilhelmine in einem kleinen Haus auf dem Brast geboren - nimmt der Duderstädter einen außergewöhnlichen Platz in der Geschichte des deutschen Episkopats ein.

Seine größte Rolle spielte er im Kulturkampf, jener Auseinandersetzung zwischen Kirche und Staat (etwa 1871-1887), zu dessen Beilegung er als Bischof von Fulda maßgeblich beigetragen hat. Sowohl Reichskanzler Otto von Bismarck, der Urheber des Kulturkampfes, als auch Papst Leo XIII. fanden in Kopp einen maßvollen, beiden Seiten gegenüber loyal gesinnten Vermittler. Das diplomatische Geschick Kopps fand fortan Niederschlag in einer nahezu einzigartigen kirchenpolitischen Karriere: 1884 beruft ihn Kaiser Wilhelm I. in den preußischen Staatsrat. Zwei Jahre später wird er Mitglied des preußischen Herrenhauses. Daß ihm 1887 mit Breslau die größte deutsche und die zweitgrößte Diözese der Welt anvertraut wird, ist ebenfalls als Auszeichnung seiner Verdienste anzusehen.

Als Fürstbischof von Breslau hatte Dr. Kopp, 1893 zum Kardinal ernannt, nunmehr auch im österreichischen Herrenhaus einen Sitz inne, da ein Teil seiner Diözese in Österreich lag. Dieses Amt war mit dem des Landeshauptmannstellvertreters im österreichisch-schlesischen Landtag in Troppau verbunden. Von 1900 bis zu seinem Tod 1914 hatte er den Vorsitz der Fuldaer Bischofskonferenz inne. 1906 verlieh ihm Kaiser Wilhelm II., der oft privat zum Essen oder zur gemeinsamen Jagd bei Kopp zu Gast war, den höchsten preußischen Orden, verbunden mit dem Adelstitel. Bei allen seelsorgerischen und staatsmännischen Verpflichtungen blieb Georg Kopp dennoch sein Leben lang mit seiner Heimatstadt in Verbindung. Ein geradezu familiäres Verhältnis unterhielt er zu den Duderstädter Ursulinen, die er zweimal jährlich besuchte. „Eminenz vergaß in solchen Stunden einfacher Fröhlichkeit die großen, schweren Sorgen seines Amtes“, heißt es in den Annalen.

Außerdem finanzierte er 1889 den Klosterkirchen-Neubau der Ursulinen. Der Duderstädter Schützengesellschaft schenkte er zu deren 600-jährigem Bestehen 1902 einen geschnitzten Eichenschrank, aufgestellt im Rathaussaal, und eine silberne Schützenkette. Anläßlich seines 150. Geburtstags, 1987, würdigte Duderstadt den Kirchenfürsten mit einer Sonderausstellung im Heimatmuseum und mit einem Bronzestandbild des Nürnberger Künstlers Hermann Leber.

24.10.1837	geboren in Duderstadt als Sohn des Bandwebers Ignaz Kopp und dessen zweiter Ehefrau Wilhelmine, geb. Oppermann
1952-1856	Besuch des Bischöflichen Gymnasiums Josephinum in Hildesheim
1856-1858	Dienst als Telegraphist bei der hannoverschen Staatsbahn
1858	Eintritt in die philosophisch-theologische Lehranstalt in Hildesheim
1861, 1862	Priesterseminar in Hildesheim, Priesterweihe
1862-1866	Kaplan und Religionslehrer im Bistum Hildesheim (Poppenburg, Henneckenrode, Detfurth)
1868	Berufung ins Hildesheimer Generalvikariat
1872	Domkapitular und Genralvikar in Hildesheim
1881-1887	Bischof in Fulda
1884	Berufung in den Preußischen Staatsrat durch Kaiser Wilhelm I.
1886	Berufung in das preußische Herrenhaus
1887-1914	Fürstbischof von Breslau. Gleichzeitig Mitgliedschaft im österreichischen Herrenhaus
1887	Ernennung zum Ehrenbürger der Stadt Duderstadt
1890	Berufung in die Internationale Arbeiterschutzkonferenz
1891	Berufung in die Konferenz für die Reform des höheren Schulwesens
1893	Ernennung zum Kardinal durch Papst Leo XIII. Landeshauptmannstellvertreter des österreichisch-schlesischen Landtags in Troppau
1900-1914	Vorsitz der Fuldaer Bischofskonferenz
1906	Verleihung des höchsten preußischen Ordens durch Kaiser Wilhelm II., verbunden mit dem Adelstitel
4.3.1914	gestorben in Troppau, beigesetzt im Dom zu Breslau

Oben: Georg Kopp als Bischof von Fulda (1881-1887). Rechts: Pektorale - Geschenk des Hildesheimer Klerus zur Bischofsweihe Kopps (1881). Links: Bronzestatue vor der Duderstädter St. Cyriakuskirche.

Zeit-Sprung 1898 / 2004. Johanna hat Sebastian ein neues Druckmodel in die Färberwerkstatt gebracht. Sebastian macht „blau“, denn gerade hat er die letzte Stoffbahn aus der mit Indigo gesättigten Farbflotte gezogen. Der neue Schürzenstoff für Johanna ist aber schon fertig - kräftig blau mit weißen Blumen.

Glücklicher Zufall

1898 wurde in Berlin ein Patent eingereicht, das Geschichte schreiben sollte: die wetterfeste Drahtisolierung. Der Erfinder war Louis Hackethal (rechts), ein 1837 in Duderstadt geborener Telegrafendirektor. Sein Geburtshaus liegt in unmittelbarer Nähe zum Rathaus in der Scharrenstraße.
Nach dem Abitur trat Hackethal in die hannoversche Eisenbahnverwaltung ein und wechselte 1871 als Telegrafensekretär nach Bremen. Telefonieren war damals mit erheblichen Nebengeräuschen verbunden, was an der mangelhaften wetterfesten Isolierung der Leitungen lag. Während des Baus des Bremer Telegrafengebäudes stellte Hackethal 1894 zufällig fest, daß Mennige in bestimmten Konzentrationen eine außergewöhnlich gute Isolierfähigkeit und auch Wetterbeständigkeit gewährleistet. Mennige ist ein rotes, in Wasser unlösliches Pulver, das durch Erhitzen von Bleioxid im Luftstrom bei etwa 500 Grad Celsius entsteht und zum Korrosionsschutz verwendet wird. Nach einer Reihe von Versuchen entwickelte Hackethal ein pflanzliches Gewebe, mit dem er das blanke Kupferkabel umgab und auf das er ein Gemisch von Mennige und Leinöl aufbrachte (Hintergrund). Unter Beteiligung der Technischen Hochschule in Hannover vervollkommnete er seine Erfindung und suchte nach Partnern zur Vermarktung seines Patents. Diese fand er in den Brüdern Jacob und Joseph Berliner, mit denen er am 29. September 1900 die Hackethal-Drahtgesellschaft mbH in Hannover gründete. Die Fertigung der isolierten Drähte überließ der Erfinder externen Firmen. Im Haupthaus in der Kniestraße 18, später in der Nicolaistraße, war nur die Musterfertigung und Forschung angesiedelt.

Am 8. April 1911 verstarb Louis Hackethal in Hannover. Die Hackethal-Draht-Gesellschaft steht am Anfang einer illustren Reihe von Nachfolgern, zunächst unter dem Namen „Kabelmetall“, dann unter der Firmierung „KM Europe Metal AG“ mit Sitz in Osnabrück. Eine Tochterfirma, die jetzt zum Alcatel-Konzern gehört, residierte als „kabelmetal elektro“ in den alten Geschäftsräumen in Hannover.
Nun widmet sich eine Ausstellung im Städtischen Museum in Duderstadt den Arbeiten Hackethals und gibt einen Überblick über die technische Entwicklung vom Hackethaldraht bis zum Glasfaserkabel.

Zeit-Zeichen

1800
In den USA beginnt die Serienproduktion von Feuerwaffen.

1814
Stephenson baut in England die erste Dampflokomotive.

1828
Reclam gründet seinen „low-cost paperback"-Buchverlag.

1838
Daguerre entwickelt ein erstes photographisches Verfahren.

1848
Marx und Engels veröffentlichen in London „Das Kommunistische Manifest".

1859
Darwin veröffentlicht „Über die Entstehung der Arten."

1865
Busch veröffentlicht „Max und Moritz".

1867
Nobel läßt das Dynamit patentieren.

1871
In Afrika findet der Brite Stanley seinen vermißten Kollegen Livingstone.

1885
Benz baut einen dreirädrigen Kraftwagen, Daimler das erste Benzinmotorrad.

1895
In Paris und Berlin werden erste Filme gezeigt.

1899
Die österreichische Kaiserin „Sissi" Elisabeth wird in Genf ermordet.

Bürger fordern: „Mehr Licht!"

Dunkel war es im nächtlichen Duderstadt. Ab 1819 änderte sich das: Die ersten 54 Öl- und Kerzenlaternen spendeten Licht, von zwei „Anzündern" versorgt. Gegen Ende des Jahrhunderts kündigte das Duderstädter Wochenblatt eine grundlegende Änderung der Verhältnisse an: „Der Ruf 'Mehr Licht!' soll hier nicht mehr ungehört verhallen. Die Lichtfrage, welche die hiesige Stadtbehörde und die Bürgerschaft schon längere Zeit beschäftigt, wird einer baldigen glücklichen Lösung entgegengeführt werden. Unsere städtischen Kollegien haben nämlich in ihrer letzten Sitzung die Anlage eines Elektrizitätswerkes für Beleuchtungszwecke und zur Abgabe von Kraft beschloßen." Der Auftrag für den Bau eines Elektrizitätswerkes hinter der Stadtmauer, Nähe Bahnhofstraße, ging an Firma Körting aus Hannover. Im Stadtgebiet wurden 120 Strommasten aufgestellt. Pünktlich zum Martini-Markt am 27. November 1900 war es soweit: Zum ersten Mal erstrahlte die Stadt in elektrischem Licht. Die Beleuchtung bestand aus 107 Glühlampen von je 25 Kerzen und sechs Kohlenstiftbogenlampen in der Marktstraße (unten), die allerdings 1908 gegen Metallfadenlampen ausgetauscht wurden. Gegen Ende der 20er Jahre war das oberirdische Stromnetz bereits veraltet und wurde durch eine unterirdische Verkabelung ersetzt (1928/29). Untermauert wurde diese Notwendigkeit unter anderem mit der Argumentation, daß die Tausendjahrfeier der Stadt bevorstehe und „die durch das oberirdische Leitungsnetz verursachte Verunstaltung des Stadtbildes zu beseitigen" sei. Im Zuge der Verkabelung wurde gleichzeitig die Netzspannung von 150 auf 220 Volt umgestellt. Nachdem 1954 die eigene Produktion durch das städtische E-Werk eingestellt wurde, übernahm die Elektrizitäts-AG Mitteldeutschlands (EAM) die Versorgung. Zusammen mit dem städtischen Wasserwerk bildete das E-Werk die Stadtwerke Duderstadt.

Zupackend. Seit fünf Jahrzehnten ist die EAM Energie AG Partnerin des Eichsfelds.

Eine energiegeladene Erfolgsgeschichte

Die EAM Energie AG ist ein langjähriger und enger Partner der Eichsfelder Energie-und Wasserversorgungs-GmbH, die die Bürger in der Kernstadt und seit 1997 auch in Gerblingerode mit elektrischer Energie direkt beliefert. Ein besonders wichtiges Datum für die EAM war das Jahr 1961: Die EAM wurde Nachfolgerin der Kreiswerke Duderstadt und begann damals mit der Belieferung von etwa 30 Gemeinden im Untereichsfeld. Die Verantwortung für die regionale Energieversorgung im Netzgebiet der EAM im Umfeld von Duderstadt liegt in den Händen der Mitarbeiter der RegioNiederlassung Göttingen.
Am 6. September 1929 gegründet, beliefert die heutige EAM Energie AG insgesamt 680.000 Haushalte und Betriebe in 209 Städten und Gemeinden direkt oder über ihre Weiterverteiler mit Strom, etwa 130.000 Haushalte in 107 Städten und Gemeinden mit Erdgas, 15.000 Kunden mit Wasser sowie zahlreiche Industriekunden und die Universität Göttingen mit Wärme. Sehenswerte Bilanz: Seit ihrer Gründung hat die EAM mehr als 2.000 junge Leute ausgebildet.

Vier Generationen Mechanik: Erfahrung und Innovation

Als Emil Loest im Jahre 1908 an der Göttinger Straße in Duderstadt eine Firma ins Leben ruft, ahnt zu diesem Zeitpunkt niemand, daß er mit seiner Expugnator *(lateinisch für: Erstürmer, Eroberer)* GmbH europaweit einen großen Bekanntheitsgrad erreichen würde. Der Unternehmer spezialisiert sich auf die Erfindung medizinischer Apparate. Namensgeber der Firma ist ein Gerät, von dem die reichsweit geschaltete Werbung 1911 verspricht: *„Es ist eine Lust, stark und weit wird Lunge und Brust!“* Mehr Erfolg bringt der Audito *(lateinisch für: Du sollst hören!* Foto Mitte) - eine per Handkurbel betriebene Apparatur, mit der Kunden über zwei Ohr-Oliven die Trommelfelle und den Gehörgang massieren können.

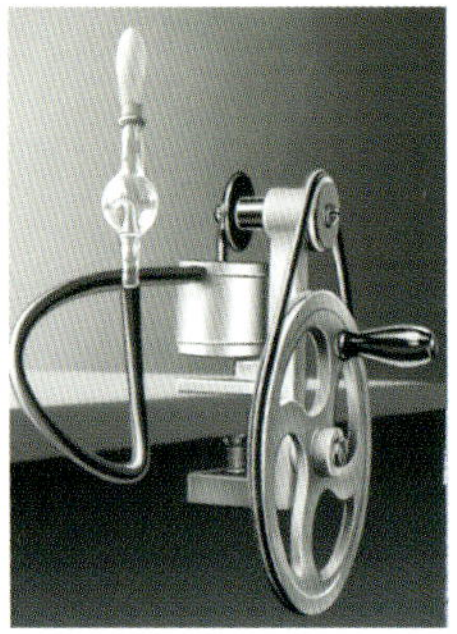

Loests Technologie ist führend. Im gesamten Deutschen Reich bauen nur drei Unternehmen wirksame Hilfen für Hörgeschädigte. Wirtschaftskrise und neue Gesetze erfordern Flexibilität. 1937 strukturiert Emil Loest, immerhin schon 71jährig, den Betrieb um und setzt aufs Auto. Er baut eine Großtankstelle und Werkstatt mit damals modernster Technik: Lagergießmaschine, Zylinderschleifmaschine, großzügige Halle. Auto- und Motorreparaturen werden ausgeführt, aber auch feinmechanische Arbeiten. 1942 stirbt Emil sen.; Emil jun. und Gertrud Loest übernehmen den Betrieb. Nach dem Krieg ist Improvisationstalent gefragt. Die mechanische Werkstatt wird zum Standbein der Firma. Zu den Abnehmern gehören Blaupunkt, Bosch und Otto Bock. Nach dem Tod von Emil jun. 1962 leitet Gertrud Loest die Firma. 1968 übergibt sie sie in die Hände von Reinhold und Eva Loest. Neben kleinmechanischen Bauteilen wird das Angebot um Automatendrehteile erweitert. Mit Ekkehard und Anja Loest leitet seit 1986 die vierte Generation die Firma. Erste CNC-Maschinen werden angeschafft. Das neue Programm erfordert einen neuen Namen: CMW Präzisionsmechanik GmbH. Im modernen Dreh- und Fräszentrum arbeiten 2004 zwölf Mitarbeiter im Zweischichtbetrieb. Der Kundenkreis setzt sich aus medizinischen Betrieben, Unternehmen aus den Bereichen der Orthopädie, aber auch dem Maschinenbau und der Automobilindustrie zusammen. So finden auch ein Jahrhundert nach der Firmengründung Loest-Produkte ihren Weg in die Welt.

Ab Ende der 30er Jahre sind die Tankstelle und der Reparaturservice die Hauptstandbeine des Unternehmens. Zusätzlich baut Emil Loest jun. eine feinmechanische Werkstatt auf.

Firmengründer Emil Loest sen. (oben) beginnt mit dem Bau von Hörgeräten wie dem Modell aus der „Ex-Reihe“ (Mitte). 2004 produziert Mitarbeiter Joachim Lechte am CNC-Bearbeitungszentrum (rechts) Präzisionsmechanik. Ob alles paßt, prüfen Geschäftsführer Ekkehard Loest (links) und Rudolf Engelhardt bei der Qualitätskontrolle.

Jubiläum 1958 - sitzend: Gertrud Loest (links), Eva Loest (rechts), jeweils rechts davon: Emil jun., Reinhold Loest

Zeitreise einer Spedition: Vom Pferdewagen zum modernen Fuhrpark

Im Jahr 1909 gründete Ludwig Waldmann ein bahnamtliches Rollfuhrunternehmen und eine Möbelspedition. Einen Rückschlag erlebte er schon nach zwei Jahren, als ein Großbrand das Geschäftshaus „Auf der Spiegelbrücke“ zerstörte. Die Aufträge wurden damals zuverlässig mit Pferdefuhrwerken ausgeliefert. Erst 1929 erfolgte die Umstellung auf Maschinen. Waldmann kaufte einen vollgummibereiften Trecker. Die Anhänger hingegen waren eisenbereift. Sein Kundenstamm erstreckte sich auf das gesamte Eichsfeld. In dieser Zeit glich die Abwicklung eines Auftrages einer kleinen Expedition. So brauchte der Fahrer für Touren nach Berlin ganze drei Tage. 1961 trat Waldmanns Enkel, Ingenieur Hans Georg Kolle, in die Firma ein und übernahm sie drei Jahre später nach dem Tod des Großvaters. Unter seiner Führung begann eine erfolgreiche Entwicklung. Er errichtete auf dem Grundstück an der Charlottenburger Straße eine Kfz-Halle. 1967 wurde neben dem Möbelfernverkehr zusätzlich mit dem Güterfernverkehr begonnen. Das Unternehmen expandierte dank der vorhandenen Großkunden schnell. Anläßlich des 70-jährigen Bestehens im Jahr 1979 konnte Kolle stolz eine jährliche Kilometerleistung von 1,6 Millionen vorweisen. 1980 wurden die Büroräume an die Charlottenburger Straße verlegt.

Die Zeiten haben sich stark verändert. Im Gegensatz zu 1929 können Berlinfahrten heute an einem Tag abgewickelt werden. Doch nicht nur Ziele in Deutschland, sondern auch im angrenzenden Ausland sind auf dem Tourenplan zu finden. Ein moderner Fuhrpark, bestehend aus 23 Maschinenwagen, 36 Großraum-Wechselbrücken, 36 Großraum-Anhängern und einem 7,5-Tonner, wird heute für die verschiedenen Aufträge eingesetzt. Die Leitung des Familienunternehmens liegt seit 1987 in der Hand von Patricia Krüger, geb. Kolle - Tochter des 1983 verstorbenen Inhabers Hans Georg Kolle - so ist bereits die dritte Generation „am Steuer“. Rund 35 Mitarbeiter stehen der Betriebswirtin zur Seite. Aufgrund geringer Fluktuation genießen langjährige Geschäftskunden den Vorteil, stets von denselben Mitarbeitern bedient zu werden. Neben der Großraum-Logistik gehört weiter die Möbel-Logistik zum Geschäft der Spedition Waldmann.

Ein motiviertes Team kümmert sich um die Belange der Firma, die Ludwig Waldmann 1909 gegründet hat. Mit einem Trecker und Anhängern hatte der Fuhrunternehmer die Aufträge erledigt. Heute sind moderne Lkw im Einsatz.

Mit Handspritzen fast hilflos in die Katastrophe

Am Morgen des 15. August 1911 breitete sich ein Feuer in rasanter Geschwindigkeit im Duderstädter Sackviertel aus. Rund 50 Häuser, dazu noch fast doppelt so viele Stallungen und Hintergebäude in der Sackstraße, der westlichen Spiegelbrücke und der Marktstraße gegenüber der Turmfassade von St. Servatius - hier befand sich auch die evangelische Knabenvolksschule - wurden ein Raub der Flammen. Dieses schlimmste Großfeuer seit 1852 hinterließ 90 obdachlose Familien und einen Gesamtschaden in Höhe von 900.000 Mark. Die ärmere, überwiegend unterversicherte Bevölkerung traf es besonders hart. Große Mengen eingelagerten Getreides und Futtermittel verbrannten. Auch Rohtabak im Wert von 30.000 Mark ging verloren. Der Bürgermeister, Gymnasialdirektor und die Geistlichkeit der Stadt sowie der Hildesheimer Bischof, der Landrat und andere hochgestellte Persönlichkeiten gründeten in aller Eile ein „Hülfskomitee" und versuchten, die Not der Geschädigten durch Spendenaufrufe zu lindern.

Die mit ihren Handspritzen (links) aus den umliegenden Dörfern Tiftlingerode, Westerode, Immingerode, Mingerode, Nesselröden und Ecklingerode herbeigeeilten Feuerwehren waren nahezu machtlos; sie konzentrierten sich hauptsächlich darauf, die noch unbetroffenen Häuser auf der östlichen Spiegelbrückenseite unter Wasser zu halten. Unterstützt wurden sie dabei von Schülern der oberen Gymnasialklassen. Zum Glück floß die Brehme unterirdisch durch die Stadt, so daß Löschwasser in die Straßen geleitet werden konnte.

Die Arbeit an den handbetriebenen Feuerspritzen war ein Knochenjob. 16 Mann waren als Drücker erforderlich, um das Wasser durch Auf- und Abwärtsbewegen der Hebel in die Schläuche zu pumpen. Erst nach dem Brand schaffte die Stadt eine Dampfspritze an, die durch druckbetriebene Bolzen das Wasser anpumpte.

Noch im Brandjahr begann der Wiederaufbau des abgebrannten Untermarktviertels gegenüber der Servatiuskirche - mit prägnanten Auswirkungen für das Stadtbild: Erstmals in der Architekturgeschichte der Fachwerkstadt entstand eine ganze Häuserzeile nicht in Fachwerkbauweise, sondern in massivem Mauerwerk.

Der verantwortliche Architekt, der mit dem Schinkelpreis ausgezeichnete Berliner Regierungsbaumeister Freiherr Wilhelm von Tettau, stattete die neuen Fassaden mit einer lebendigen Erker- und Arkadenstruktur aus. Kurz nach dem Großbrand im Westteil der Stadt wurde am 4. September 1911 auch das östliche Stadtgebiet heimgesucht. Wieder hatten die fassungslosen Anwohner der Zerstörungswut des Feuers kaum etwas entgegenzusetzen und verloren sechs Wohnhäuser und acht Hintergebäude in der Obertorstraße.

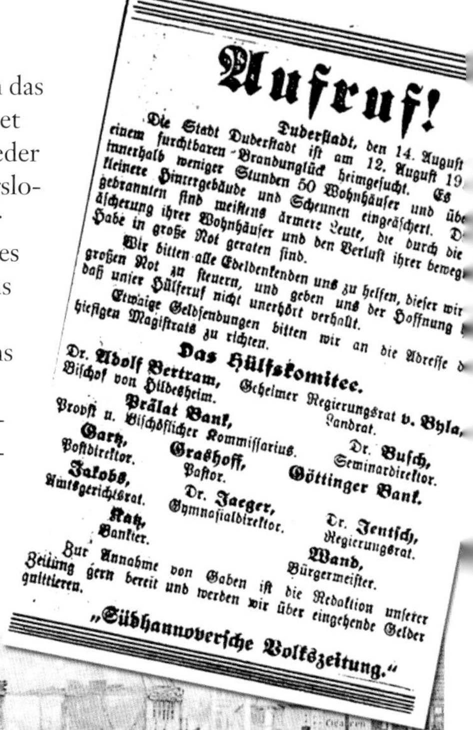

Aufruf!

Duderstadt, den 14. August

Die Stadt Duderstadt ist am 12. August 19
einem furchtbaren Brandunglück heimgesucht.
innerhalb weniger Stunden 50 Wohnhäuser und übe
kleinere Hintergebäude und Scheunen eingeäschert. D
gebrannten sind meistens ärmere Leute, die durch die
äscherung ihrer Wohnhäuser und den Verlust ihrer beweg
Habe in große Not geraten sind.

Wir bitten alle Edeldenkenden uns zu helfen, dieser
großen Not zu steuern, und geben uns der Hoffnung
daß unser Hülferuf nicht unerhört verhallt.

Etwaige Geldsendungen bitten wir an die Adresse d
hiesigen Magistrats zu richten.

Das Hülfskomitee.

Dr. Adolf Bertram, Bischof von Hildesheim.
Geheimer Regierungsrat **v. Byla,** Landrat.
Prälat Bank, Propst u. Bischöflicher Kommissarius.
Gartz, Postdirektor.
Grashoff, Pastor.
Dr. Busch, Seminardirektor.
Jakobs, Amtsgerichtsrat.
Göttinger Bank.
Dr. Jaeger, Gymnasialdirektor.
Katz, Bankier.
Dr. Jentsch, Regierungsrat.
Wand, Bürgermeister.

Zur Annahme von Gaben ist die Redaktion unserer Zeitung gern bereit und werden wir über eingehende Gelder quittieren.

„Südhannoversche Volkszeitung."

Häuser in Flammen, Kirche stürzt ein - und ein Pyromane zündelt

Wochenlang anhaltende Trockenheit begünstigte wenige Jahre später ein weiteres verheerendes Großfeuer. In den Mittagsstunden des 17. Juni 1915 in der Unteren Marktstraße ausgebrochen, griff es in kürzester Zeit auf die Hinterstraße, die Löwengasse und die Ostseite der Spiegelbrücke über, die 1911 unter großen Anstrengungen noch erfolgreich gegen die Flammen verteidigt worden war. Die traurige Bilanz dieses Feuers: 39 Wohnhäuser und 68 Hintergebäude (unten).
Auch die evangelische St. Servatiuskirche (unten rechts) blieb nicht verschont. Eine Stunde nach Ausbruch des Feuers stürzte der Kirchturm ein; das Innere der erst wenige Jahre zuvor restaurierten Kirche brannte vollständig aus. Außer dem gotischen Stein-Epitaph der Duderstädter Familie von Wehren blieb kaum etwas von der wertvollen Innenausstattung erhalten. Bis zur Wiederherstellung des Kirchenschiffs 1917 mußten die evangelischen Gemeindemitglieder zum Gottesdienst in den Saal des „Kronprinzen" ausweichen.
Glühende Holzkohlestückchen, die der Wind von der Kirche in südliche Richtung trieb, hatten darüber hinaus Teile der Schuhmarktstraße, der Haberstraße und der Kurzen Straße in Brand gesetzt. Obwohl nachts noch zwei Dampfspritzen aus Hannover und Northeim eintrafen, hinterließ das Feuer auch hier nur Schutt und Asche.
Die Trümmer blieben lange liegen, denn die meisten Männer befanden sich im Krieg. Auch war der Verlust mühsam ersparter Vorräte in dieser harten Zeit besonders schwerwiegend. Wiederum waren die Geschädigten in hohem Maße auf die Unterstützung der Mitbevölkerung angewiesen. Der Gesamtschaden des Brandes von 1915 wurde auf eineinhalb Millionen Mark beziffert. Außerdem kam ein siebenjähriges Mädchen ums Leben.
Geradezu unglaublich, daß trotz dieser Not ein Pyromane sein nächtliches Unwesen trieb. Die Löscharbeiten waren noch im Gange, als ein Unbekannter in einer Scheune neben dem Westertor (rechts) ein neues Feuer legen wollte. Er wurde allerdings überrascht und vertrieben. „Wenn jetzt nicht, paßt es ein anderes Mal", soll er dabei gerufen haben ...

Der Gesamtschaden des Brandes wurde auf eineinhalb Millionen Mark geschätzt. Da viele Männer im Ersten Weltkrieg kämpften, blieben die Trümmer lange liegen.

Kiloweise Knochen, Lumpen und Metalle - Rohprodukte legen Grundstein für Entsorgungsfachbetrieb

Therese Günther, geborene Mock, wandert Anfang des 20. Jahrhunderts mit einer Kiepe über Land, um neben den gewebten Stoffen ihres Mannes Galanteriewaren (Postkarten, Knöpfe, Gummi...) zu verkaufen. Vom Verdienst schafft sie zwei Pferde und einen Tafelwagen an und gründet 1911 das Unternehmen, aus dem später die Schneemann Recycling GmbH hervorgeht. Mit ihrem Wagen sammelt sie Rohprodukte wie Metalle, Schrott, Lumpen und Knochen. Hinzu kommen Lohnfuhren.
Mit dem ersten Lastwagen, einem Mercedes, werden auch Leute nach Göttingen gefahren - mittels Bänken auf der Ladefläche. Das Geschäft wird erweitert um eine Zuckerbude und einen Eiswagen.
Nebenbei zieht Therese Günther sechs Kinder, vier Jungs und zwei Mädchen, groß.
1935 umfaßt das Unternehmen zwei Lkw, einen Pkw und den Pferdewagen.
1938/39 werden die Fahrzeuge beschlagnahmt und drei Söhne eingezogen.
Der vierte Sohn Heinrich wird reklamiert, die behördlich angeordnete „Spinnstoffsammlung durchzuführen“. Alle nicht benötigten Kleidungsstücke gilt es einzusammeln. Auf dem eigenen Hof müssen Garderobe, Flaschen, Knochen, Schrott und Papier angenommen werden. Für sieben Kilo Lumpen gibt es ein Scheuertuch, für sechs Kilo Knochen aus dem Haushalt ein Stück Kernseife.
Tochter Therese, die Waldemar Schneemann heiratet, übernimmt das Geschäft. 1951 kann wieder ein Fahrzeug gekauft werden. In der Hinterstraße/ Hinter der Mauer läuft die Annahme von Altpapier, Altmetall und Schrott weiter. 1957 wird die erste Papierpresse angeschafft, 1969 kommt eine hydraulische Papierpresse hinzu. Im selben Jahr erfolgt der Bau in der Schöneberger Straße, da der Hof zu klein geworden ist.
1996 erfolgt eine große Modernisierung auf dem rund 20.000 Quadratmeter großen Gelände. Der gesamte Platz wird als Abfallumschlag- und Sortieranlage hergerichtet. Zwei Drittel des Grundstückes sind befestigt und umweltgerecht mit Abscheidern ausgestattet. Die Schneemann Recycling GmbH erhält daraufhin Zertifizierungen als Entsorgungsfachbetrieb und für Qualitätsmanagement.

1955: Heinrich Günther und Neffe Franz auf Sammeltour mit dem Hanomag (links oben).
1958: Waldemar Schneemann bedient die erste Papierpresse (links).

Während Heinrich und Hermann Günther 1937 mit Pferd und Wagen unterwegs sind, kann das heutige Team moderne Container-Lkw einsetzen. Die ersten dieser Art wurden 1979 angeschafft (kleines Foto oben).

Nach der Katastrophe: Rote Fahne auf dem Rathaus

Der Ausbruch des Ersten Weltkrieges 1914 und die Mobilmachung wurden auch im Eichsfeld mit allgemeiner Begeisterung aufgenommen. Begleitet von Kirchengeläut und Bittgottesdiensten fuhren die Reservisten und Freiwilligen in geschmückten Eisenbahnwagen an die Front. Bald schon machte sich Ernüchterung breit: Am 8. September trafen die ersten Verwundeten in Duderstadt ein und wurden im St. Martini-Krankenhaus untergebracht. Als letzte Reserve erhielt der ungediente Landsturm den Gestellungsbefehl. Nun wurden für alle Lebensmittel und Verbrauchsartikel Höchstpreise festgelegt. Im Winter 1916/17 waren im Eichsfeld Kohl- und Steckrüben das Hauptnahrungsmittel. Sämtliches Kupfer aus privatem und städtischem Besitz war bereits abgeliefert. Nun wurden die Glocken der Cyriakuskirche zerschlagen und gegen eine Kriegsanleihe von 26.182 Mark eingeschmolzen. Bis zur Unterzeichnung des Waffenstillstands zwischen Deutschland und den Alliierten am 11. November 1918 waren 360 Duderstädter Soldaten dem Krieg zum Opfer gefallen.

Aufforderung zur Kriegsanleihe.

Im November 1918 kam es in Deutschland zum Ausbruch einer Revolution: In Berlin rief die SPD am 9. November die „Deutsche Republik“ aus, Kaiser Wilhelm II. dankte ab. Ein Rat von Volksbeauftragten führte die Regierungsgeschäfte. Auch im Eichsfeld war das Kriegsende mit einer kleinen Revolution verbunden: Arbeiter- und Soldatenräte hißten am 13. November 1918 in Duderstadt und am 17. in Heiligenstadt auf den Rathäusern rote Fahnen. In Duderstadt bildeten sich ein Volksrat, ein Bürgerrat und ein Bauernrat, die sich unter der schwarz-rot-goldenen Fahne der Republik versammelten. Bei den Wahlen zum Preußischen Landtag im Januar 1919 erhielt die katholische Zentrumspartei 57 Prozent, die SPD 23Prozent der Stimmen. Die heimkehrenden Soldaten mußten auf den Bahnhofsstationen im Eichsfeld mit Lebensmitteln versorgt werden, was die Versorgung der Bevölkerung weiter verknappte.

Das Eichsfeld fror und litt Hunger. Die Einwohner gingen auf Hamsterkäufe in die Dörfer. Da aus dem besetzten Ruhrgebiet keine Kohle mehr kam, mußte die Energieversorgung bis auf gelegentlichen Notstrom eingestellt werden. Die Schwierigkeiten der Nachkriegszeit verschärften sich zudem durch die verheerende Inflation: 1923 gab Duderstadt Notgeldscheine im Nennwert bis zu 20 Billionen Mark heraus.

Am 30. Januar 1933 ernannte Hindenburg Adolf Hitler zum deutschen Reichskanzler. Anders als zum Beispiel in Göttingen gab es in Duderstadt zu diesem Anlaß keine Aufmärsche und Fackelzüge. Bei den letzten freien Reichstagswahlen am 5. März 1933 erhielt das Zentrum 41Prozent, die NSDAP 33Prozent und die SPD elf Prozent der Stimmen. Damit unterschied sich Duderstadt deutlich von den regionalen nationalsozialistischen Hochburgen Göttingen und Northeim. Wie überall in Deutschland wurden alle städtischen Vereine und Organisationen gleichgeschaltet und in die NSDAP-Gruppierungen eingegliedert. Im Zuge des reichsweiten Boykotts jüdischer Geschäfte wurden auch in Duderstadt am 1. April 1933 die Scheiben vieler Geschäftshäuser eingeschlagen. Am 27. April benannte man die Jüdenstaße in Adolf-Hitler-Straße um. Und am 13. September wurde Bürgermeister Theodor Oeben durch den NSDAP-Kreisleiter Andreas Dornieden abgelöst. Als am 9. November 1938 die Synagoge in der Christian-Blank-Straße brannte, untersagte Bürgermeister Dornieden die Alarmierung der Feuerwehr. Der Mob zerstörte die letzten jüdischen Geschäfte. Nennenswerter Protest der Einwohnerschaft ist nicht aktenkundig. Ein aus Göttingen angereistes Kommando der 51. SS-Standarte beschlagnahmte Sparkassenbücher, Bargeld, Autos und alle Warenbestände. Die Südhannoversche Zeitung vermeldete am 22. November: „Auch das letzte jüdische Geschäftshaus in arischem Besitz.“ Am 26. März 1942 wurden die letzten jüdischen Bürger, die noch in Duderstadt ausgeharrt hatten, Erich Loewenthal sowie die fünfköpfige Familie von Josef Israel, ins Konzentrationslager gebracht. 22 jüdische Einwohner Duderstadts kamen in den Lagern um.

Wahlplakat der Nationalsozialisten (1932).

9. November 1938: Die Duderstädter Synagoge brennt.

„Ich will mit dem Zweckmäßigsten und Modernsten auf dem gesamten Gebiet der Orthopädie-Mechanik wirklich preiswert und schnell dienen."

Eine Vision, drei Generationen: Otto Bock mit Ehefrau Maria, Dr.-Ing. E.h. Max Näder und der heutige Chef der Otto Bock HealthCare, Hans Georg Näder.

Es ist fast ein Jahrhundert her, als ein Visionär dieses Credo formuliert. An Aktualität hat das Motiv bis heute nichts eingebüßt; im Gegenteil - es bestimmt unternehmerisches Handeln bereits in der dritten Generation. Und gilt weltweit. Berlin, Revolutions-Jahr 1919. Die Orthopädische Industrie GmbH entsteht. Einer ihrer Gründer-Väter ist erst 30: Otto Bock. Ein Heer von Verletzten ist aus dem Krieg heimgekehrt. Tragödie und Herausforderung gleichermaßen - als Erster sieht Otto Bock die zwingende Notwendigkeit, die bis dahin handwerkliche Fertigung von Prothesen in Serienproduktion zu überführen. 1920 siedelt das Unternehmen nach Königsee in Thüringen um und geht später in den Alleinbesitz des Pioniers über. 600 Menschen arbeiten hier, als die Sowjets 1948 den Unternehmer enteignen. Es folgt der Exodus nach Westen, der Neubeginn am Euzenberg in Duderstadt (links). Und es folgt der Weg zum Marktführer und Global Player, ohne den heute die Paralympics kaum denkbar wären...

Einer, der ja sagt - zum Standort Deutschland

„Global Player mit lokalen Wurzeln." Kurz und bündig formuliert Hans Georg Näder, Geschäftsführender Gesellschafter der Otto Bock HealthCare, die Position seines Unternehmens. Näders „Commitment zum Standort Deutschland und damit zu den Wurzeln des Unternehmens": Gut für das Eichsfeld, gut für Duderstadt. Der größte Arbeitgeber der Region garantiert mehr als sichere „Jobs". Hauseigene Bildungsangebote - bis hin zur Otto Bock Academy - schaffen Chancen zu hoher Qualifikation. Personalentwicklung ist Chefsache für Näder.
Davon profitieren weltweit 3.700 Menschen in den 32 Tochtergesellschaften der HealthCare. Cleveres Management sorgt für Sicherheit: In Zeiten wirtschaftlicher Stagnation schreibt die Firmengruppe fast schon traditionell zweistellige Zuwachsraten, wobei die Geschäftsfelder in den „Americas" und Südostasien kontinuierlich boomen.
„Nicht mäkeln, machen", setzt Näder der Stagnation in den Köpfen entgegen. Er hat das vorgemacht. 1990 übernahm der damals 28jährige das Ruder; in den folgenden 14 Jahren verdoppelte er die Zahl der Mitarbeiter in Deutschland, erwarb 19 Unternehmen und baute das weltweite Netz konsequent aus.
Nicht vergessen blieben die Wurzeln des Unternehmens: 1993 eröffnete die HealthCare in „ihrem" Traditionsort Königsee wieder eine Betriebsstätte, was Hans Georg Näders Zitat erneut belegt: „Ich bin ein totaler Fan von Made in Germany."

'88 SEOUL PARALYMPICS

Paralympics '92 Barcelona

Paralympics '94 Lillehammer

PARALYMPICS NAGANO'98

PARALYMPIC GAMES SYDNEY 2000

Das Unmögliche (?) denken. „C-Leg“: Die Erfolgs-Story wird fortgesetzt

Hochsensibel und blitzschnell. 50mal in der Sekunde melden Sensoren dem Mikroprozessor, wo es lang geht. Und der „justiert“ die aktuelle Bewegungsphase, schafft die bislang größte Annäherung an das natürliche Gehen. Mechanik vom Feinsten, digital gesteuert - das sind die Komponenten einer der bahnbrechendsten Entwicklungen der Otto Bock HealthCare: Das elektronische Beinprothesensystem C-Leg (rundes Foto linke Seite: Fertigung). Trauriger, aber eindringlicher Beweis für dessen Funktionalität: Am 11. September 2001 kann sich der köperbehinderte Amerikaner Curtis Grimsley nur aus dem brennenden World Trade Center retten, weil er mit seinem C-Leg mit den fliehenden Menschen Schritt halten kann - und das über 70 Etagen.

Das Unmögliche (?) denken - dieser Ansatz könnte am Anfang dieser Erfolgs-Story gestanden haben. Er könnte auch für die Forschung der Otto Bock HealthCare zum Thema „Elektrostimulation“ stehen: Elektrische Impulse sollen bei teilweise querschnittsgelähmten Menschen intakte Muskeln stimulieren, um dem Patienten Aufstehen und einige Schritte zu ermöglichen.

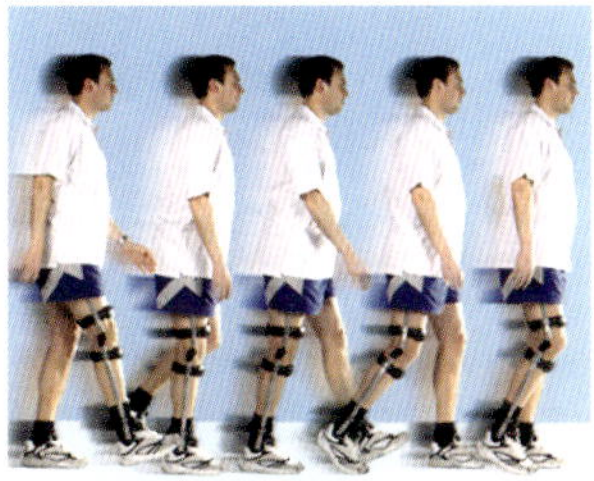

„Aussichtsreich“ nennt die Gruppe ihre Forschung: „Diese Technologie erfordert noch sehr viel Entwicklung. Aber das war bei dem C-Leg vor zehn Jahren nicht anders.“ Rund 20 Millionen Euro investiert die HealthCare jährlich in die Forschung zu Biofeedback (der Patient kann seine Prothese „spüren“) und in den Einsatz immer

innovativerer Materialien und Systeme bei Orthopädie- und Reha-Produkten. Das gilt auch für die Bereiche Orthetik, Kinder-Reha bis hin zum Flaggschiff der Avantgarde-Rollstuhlreihe, das künftig von einer Brennstoffzelle angetrieben werden soll. Fazit: Die Erfolgs-Story wird fortgesetzt.

Markant. Die Front des neuen Logistik-Zentrums beherrscht seit 2004 die Optik der Otto Bock HealthCare in Duderstadt.

Ausgefeilte Logistik für mehr Lebensqualität

Rasante Roboter sorgen im neuen Logistik-Zentrum der Otto Bock HealthCare in Duderstadt für Schwung, flitzen mit fünf Metern pro Sekunde durch die Hochregale. Seit Beginn des Jahres 2004 hat das Unternehmen hier mit digitalem Zugriff auf 6.500 Paletten und 1.500 Behälter sein Waren-Management nach den Erfordernissen der Märkte von heute und morgen organisiert.

Von der Investition (15 Millionen Euro) profitiert vor allem der Patient. Mit ihrer neuen Logistik auf Weltniveau kann die HealthCare nun garantieren, daß Produkte oder Ersatzteile innerhalb von 18 Stunden nach Order beim Kunden eintreffen: Tempo setzt neue Maßstäbe.

SALT LAKE 2002 PARALYMPICS

ATHENS 2004 PARALYMPIC GAMES

torino 2006 paralympic games

Beijing 2008 Paralympic Games

Tabak - das „Gold des Eichsfelds"

Um die Jahrhundertwende stellte der Tabakanbau im Eichsfeld eine bedeutende Einnahmequelle der Landbevölkerung dar. Zwar war zwischen 1872 und 1910 die durchschnittliche Anbaufläche pro Betrieb mit 0,12 Hektar gering. Die auf einer solchen Fläche erwirtschaftete Tabakmenge erbrachte aber immerhin einen Gewinn, der fast drei Monatsgehältern eines Arbeiters entsprach – ein wichtiger Zuverdienst für die kleinbäuerlichen Erzeuger.
Im Kreis Duderstadt pflanzte im Jahr 1920 die Hälfte aller landwirtschaftlichen Betriebe Tabak an - meist die rundblättrige Sorte „Schwabacher". Nach einer Hochphase des Tabakanbaus kam es in den 60er Jahren zu einem dramatischen Ende, als die Pflanzen erst von einem Virus, kurz danach vom Blauschimmel befallen wurden und abstarben. Die goldenen Jahre des Tabakanbaus waren damit vorbei.
Der Anbau von Tabak hat im Eichsfeld eine lange Tradition: Bereits um 1660 wurde „Nicotiana", die ursprünglich aus Amerika stammende Pflanze, eingeführt. Die Hoffnung, durch diese Neuerung die wirtschaftliche Lage der durch den Dreißigjährigen Krieg schwer geschädigten Region zu verbessern, erfüllte sich rasch. So wurde die rundblättrige Sorte „Nicotiana rustica", der Bauerntabak, bald zum „Gold des Eichsfelds".
Traditionell wurde die eichsfeldische Ernte für Schnupf-, Kau- und Pfeifentabak verwendet. Seit der Mitte des 19. Jahrhunderts verarbeitete man in der Region jedoch parallel ausländische Tabake zu Zigarren. 1850 begann die Zigarrenfabrikation in mehreren kleinen Betrieben in Duderstadt. 1871 siedelte sich hier die Firma Leopold Engelhardt & Biermann an, die sich rasch vergrößerte, 1892 eine Zigarrenfabrik in der Nähe des Bahnhofs errichtete und nach und nach weitere in den umliegenden Dörfern eröffnete. 1929 war die Anzahl der Betriebe auf insgesamt 17 angestiegen. Auch im Obereichsfeld wurden Zigarrenfabriken gegründet – so zum Beispiel 1858 in Heiligenstadt und 1910 in Dingelstädt. Zu Beginn des 20. Jahrhunderts gab es fast in jedem eichsfeldischen Dorf einen solchen Betrieb, 1914 sollen es 300 gewesen sein.
In der Zigarrenfabrikation arbeiteten überwiegend Frauen: So waren von den insgesamt 1.600 Beschäftigten bei Engelhardt & Biermann nur 60 Männer. Gerade für Frauen stellte diese Beschäftigung eine wichtige Alternative zur Wanderarbeit dar. Die Arbeit, die im Grenzbereich zwischen Handwerk und Manufaktur angesiedelt war, vollzog sich in verschiedenen Bereichen: Am geringsten wurden diejenigen bezahlt, die sogenannte „Wickel" herstellten, also die Mischung aus verschiedenen, krümelig gerissenen Tabaksorten mit einem Tabakblatt umhüllten und in Formen preßten. Etwas höher war der Verdienst der „Überroller", in der Produktion der gebrauchsfertigen Zigarren: Sie rollten die Wickel in hochwertige, in Streifen geschnittene Tabakblätter und schafften - je nach Geschicklichkeit und Art der Zigarre - bis zu tausend Stück am Tag. Die höchsten Löhne wurden den Sortierern gezahlt: Sie überprüften die Zigarren und teilten sie je nach Qualität in verschiedene Kategorien ein, bevor diese in Kisten zum Verkauf kamen. Im Jahr 1919 betrug der Wochenverdienst einer Zigarrenarbeiterin 8 bis 15 Mark, der einer Sortiererin im Akkord 10 bis 20 Mark. Besonders seit Beginn des 20. Jahrhunderts wurde zudem ein bedeutender Teil der Zigarrenfabrikation in Heimarbeit geleistet, bei der oft die gesamte Familie mitarbeitete: Im Jahr 1912 stellten etwa zwölf Prozent der eichsfeldischen Zigarrenarbeiterinnen ihre Produkte zu Hause her. Nach dem Zweiten Weltkrieg nahm der Zigarrenverbrauch erheblich ab und die maschinell hergestellte Zigarette setzte sich als preiswertere und schneller konsumierbare Alternative durch. So ging Ende der 1950er Jahre im Eichsfeld die Zeit der Zigarrenproduktion zu Ende, die hundert Jahre lang ein bedeutender Wirtschaftsfaktor in der Region gewesen war.

Landarbeiterinnen auf einem Tabakfeld, 1930er Jahre.

Edle Verpackung für den "blauen Dunst": Diese schöne Tabakdose, entstanden um 1800, trägt die vermutlich älteste Abbildung des Duderstädter Rathauses und zeigt noch die Treppe an der Ostseite der Laube, die bis 1823 abgerissen wurde.

Auf sanften Schwingen zum soliden Fundament

1928 - harte Zeiten im Deutschen Reich: Der Krieg hat seine Spuren hinterlassen, es herrschen Wohnungsnot und Arbeitslosigkeit (drei Millionen). Im Landkreis Duderstadt leben 28.000 Menschen, in der Stadt 6.494. Als Folge des Arbeitsmangels wandern viele Handwerker ab. Lichtblicke: Alexander Fleming entdeckt das Penicillin, auf der Funkausstellung wird das drahtlose Fernsehen präsentiert, Walt Disneys Mickey Mouse spielt ihre erste Filmrolle und auch in Duderstadt stehen unter Bürgermeister Theodor Oeben, Vater des Ortsbürgermeisters im Jubiläumsjahr 2004, die Uhren nicht still: Am 9. Mai bekunden 63 Einwohner ihr Interesse an einer Mitgliedschaft in einer Genossenschaftsbank. Am 2. Juni folgt die Gründungsversammlung, zwanzig Tage später wird die „Genossenschaftsbank eGmbH" eingetragen. Vorausgegangen war die Absicht der Landesgenossenschaftsbank (LGB) Hannover, ihre Duderstädter Filiale aus Rentabilitätsgründen zu schließen. Dennoch sollte die Stadt eine Genossenschaftsbank mit Sitz im „Steinernen Haus", Marktstraße 91, (unten links) erhalten. Initiator und Motor des Vorhabens: Peter Berger, Landwirtschaftsrat und Direktor der landwirtschaftlichen Winterschule. Zum Jahresende war die Zahl der Mitglieder bereits auf 118 gewachsen. Mangels Einlagen mußte jedoch ein Kredit in Höhe von 50.000 Reichsmark (RM) aufgenommen werden. Mißwirtschaft ließ den Schuldenberg auf 130.000 RM wachsen. Geschichtsschreiber hielten fest: „Der Pleitegeier schwebt mit sanften Schwingen, aber spitzen Krallen und gewetztem Schnabel über der Genossenschaft." Grund genug, 1932 die Vorstände zu entlassen. Es stand so schlimm, daß der neue Bankleiter 5.000 RM als Kaution mitbringen mußte, um sein Amt antreten zu dürfen. Mit „Bitten und Betteln" konnte schließlich der 32-jährige Arno Ottemann für die Position gewonnen werden. Er nahm trotz des strikten „Nein" seiner Frau die Tätigkeit am 28. Juni 1932 auf. Bis zu seinem Ruhestand 1969 leitete Ottemann die Bank fast 37 Jahre. Langsam, aber stetig ging es geschäftlich aufwärts.
1953: Nach Notjahren begann der Aufschwung. Ein neues Bankgebäude in der Marktstraße 23-25 wurde 1954 bezogen. Das Wachstum ging weiter und führte 1983 zum Neubau der Hauptstelle im Westerstieg 5 (unten). Bis zum Jahr 2003 sind aus 63 Mitgliedern fast 20.000 geworden, aus 167.000 RM Einlagen weit mehr als 422 Millionen Euro und aus zwei Angestellten 270 Mitarbeiter. An der Entwicklung zu einem modernen Finanzunternehmen mit solidem Fundament - über die Stationen Volksbank Duderstadt eG und Volksbank Eichsfeld eG bis zur heutigen Volksbank Eichsfeld-Northeim eG - sind von 1969 bis 2000 Jürgen Tietje und Leo Nolte als Vorstandsmitglieder maßgeblich beteiligt. Seit 2000 leiten Ludolf Fromme, Klaus Hawner und Holger Willuhn die Geschicke.

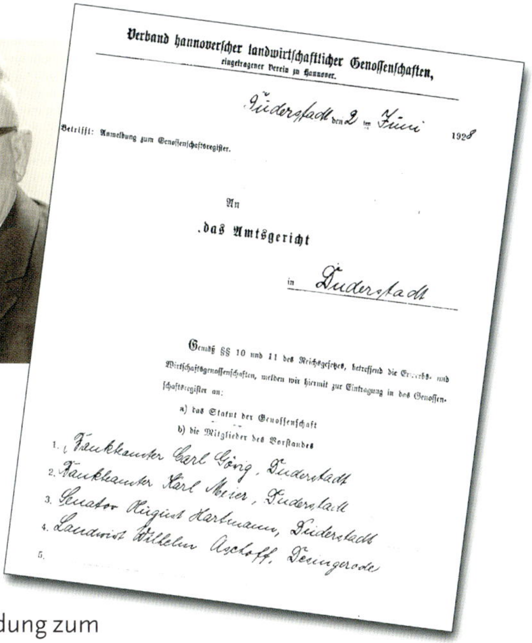

Verband hannoverscher landwirtschaftlicher Genossenschaften,
eingetragener Verein zu Hannover.

Duderstadt den 2ten Juni 1928

Betrifft: Anmeldung zum Genossenschaftsregister.

An
das Amtsgericht
in Duderstadt

Gemäß §§ 10 und 11 des Reichsgesetzes, betreffend die Erwerbs- und Wirtschaftsgenossenschaften, melden wir hiermit zur Eintragung in das Genossenschaftsregister an:

a) das Statut der Genossenschaft
b) die Mitglieder des Vorstandes

1. Bankbeamter Carl Göing, Duderstadt
2. Bankbeamter Karl Meier, Duderstadt
3. Senator August Hartmann, Duderstadt
4. Landwirt Wilhelm Aschoff, Desingerode
5.

Mann der ersten Stunde: Arno Ottemann leitete die Geschicke der Bank von 1932 bis 1969.
Rechts: Anmeldung zum Genossenschaftsregister vom 2. Juni 1928.

Was von einem Eichsfelder auf dem Mond geblieben ist

Er verbrachte seine Jugendjahre auf Gut Neumühle bei Worbis; und sein Lebtag lang hat er seine Wurzeln im Eichsfeld nicht vergessen. Unermüdlichen Nachforschungen des Duderstädter Heimatverlegers Helmut Mecke ist es zu verdanken, daß dieser hochanständige Mann hierzulande in Erinnerung bleibt:
Paul Renner war ein kreativer Kopf. 1897 verläßt er seine Heimat Worbis, studiert später Kunst. 1911 gründet er in München die Schule für Illustration und Buchgewerbe. Und ab 1926 leitet er die Meisterschule für Deutschlands Buchdrucker (wo Meckes Vater Karl 1932 seine Prüfung ablegt).

1929 ist ein Geburtsjahr: Renner hat die Buchstaben, Zahlen und Satzzeichen einer neuen Schrift entworfen, die sich streng an Bauhaus-Traditionen orientiert: Es ist die schnörkellose Futura (so sieht sie aus), heute längst weltbekannt und immer noch hochaktuell.
Und Paul Renner ist ein überzeugter Demokrat. Den „Kultur“ -Vorstellungen des hackenknallenden Nazi-Pöbels setzt er noch 1932 die Kampfschrift „Kulturbolschewismus?“ entgegen. Das bringt ihm nach der Machtergreifung den sofortigen Rauswurf als Oberstudiendirektor der Meisterschule ein.
Eine wundersame Fügung rettet Renner vor dem KZ. Nach dem Krieg wirkt der „Junge aus dem Eichsfeld“ ausschließlich als angesehener Maler am Bodensee (Portrait rechts). 1956 schließt Paul Renner im Alter von 78 Jahren für immer die Augen.

20 Juli 1969. Die Apollo 11-Mission ist am Ziel. Auf dem Mond salutiert Buzz Aldrin vor der US-Flagge. Und ein Stück von Paul Renner ist dort geblieben: Die Plakette am Lande-Modul (unten links) mit der Inschrift in Renners Futura: „Hier haben Menschen vom Planet Erde erstmals ihren Fußabdruck auf dem Mond hinterlassen; im Juli 1969. Stellvertretend für alle Menschen kamen wir in Frieden.“

HERE MEN FROM THE PLANET EARTH
FIRST SET FOOT UPON THE MOON
JULY 1969, A.D.
WE CAME IN PEACE FOR ALL MANKIND

„Wunder“ auf natürlicher Basis

„Wir haben die schöne Gegend unmittelbar vor der Tür und überall in der Nähe die romantischen Schluchteinsamkeiten nach Eichendorff, wirksam zum Teil von wundersamer Stille und Poesie“, schwärmt Theodor Storm.
Im Heilbad Heiligenstadt wird die Umgebung als erlebenswerte Landschaft mit Erfolg in das Kurangebot einbezogen. Ein Kuraufenthalt kann „Wunder wirken“ - bei Rheuma, Problemen mit Wirbelsäule und Muskulatur und Gelenken, Erkrankungen an Kreislauf, Herz, Stoffwechsel, Atemwegen oder der Haut. Dafür sorgt ein zeitgemäßes ganzheitliches Konzept, welches sich aus der Kurtradition seit 1929 entwickelt hat. Dieses basiert auch auf dem therapeutischen Einsatz des natürlichen ortsgebundenen Heilmittels - der Sole (rechts).
1996 wird das traditionelle „Kneipp-Bad“ vollständig erneuert und die modern eingerichtete Rehabilitations-Klinik für Orthopädie und Innere Medizin eröffnet. Aufeinander abgestimmte Therapie- und Betreuungsverfahren stehen in konzentrierter Form zur Verfügung. Das Angebot umfaßt alle Formen der modernen Physiotherapie (Krankengymnastik, medizinische Trainingstherapie, Sole-Photo-Therapie, Ergotherapie, Massagen) sowie ergänzende gesundheitsfördernde Maßnahmen wie Schulungen (Diabetiker, Herz-Kreislauf), Gesundheitstraining, Sozial- und Ernährungsberatung.
Im September 2000 eröffnet das Kurmittelhaus - der Vital-Park. Die Ebenen Eichsfeld-Therme, Therapie & Sport, Restaurant „Leineaue“, Clubbowling und Gästetreff bieten viele Möglichkeiten zum Therapieren, Trainieren, Schwimmen, Saunieren, Bowlen, Feiern und Essen. Wie Theodor Storm schon sagte: „Kommen Sie nur einmal her! Es ist hier in der Tat reizend zu leben.“

Der gute schwarze Geist des Eichsfeldes

Nach zwei Jahren in amerikanischer Gefangenschaft zurückgekehrt, hatte er sich 1948 als Kaufmann selbständig gemacht. 1952 zieht es den 28jährigen Willi Döring in die Politik. Welch ein Glücksfall! Als Bürgermeister von Gieboldehausen (1963-81), Landrat des Kreises Duderstadt (1963-72) und später des Landkreises Göttingen (1981-1991) sowie als Landtagsabgeordneter (1967-94) erwirbt der „gute Geist des Eichsfeldes" Anerkennung und Zuneigung - auch bei politischen Gegnern, die der Christdemokrat so freilich nicht bezeichnet hätte.
„Den Menschen zuhören und helfen, wie und wo es irgend geht", hieß die Maxime dieses liebenswerten Menschen, der einst eine Milchkanne voller Reichspfennige erstand, von denen er stets ein paar in seiner Tasche zu haben pflegte, um sie mit einem verschmitzten Lächeln zu verschenken. Bevor er 1997 starb, sagte Willi Döring, er sei für sein „erfülltes Leben" dankbar. Dankbar dürfen (zumindest) auch seine Zeitgenossen sein ...

Ungekünstelte Volksnähe: Willi Döring, im Fonds eines Oldtimers, bei der 850-Jahrfeier in Rollshausen.

Rosen für den (Ehren-) Bürgermeister.

In Sturm wie Politik: Immer „volles Rohr"

Wer in Langenhagen erinnert sich, daß es jemals einen anderen Ortsbürgermeister gab? Seit 1973 heißt er Lothar Koch! So, wie er als Mittelstürmer des VfR Langenhagen auf Torejagd ging, wirbelt der Freund von freier Rede und „deutlicher Aussprache" seither in der Politik: Immer „volles Rohr"! Seit 1981 im Kreistag, seit 1994 zudem im Niedersächsischen Landtag, hat der „Vollblutpolitiker" viel für „seine" Stadt erreicht. Die dankt' s zu Lebzeiten: Nach 15 Jahren als Bürgermeister ist 2001 die Ehrenbürgermeisterwürde Koch's Lohn. Lorbeer, auf dem einer wie er sich nicht ausruht. Weiter geht's: „Volles Rohr"!

„Schnurri" läßt die Maschen zappeln

Franz Beckenbauer antwortete einmal auf die Frage nach seinem unbequemsten Gegenspieler: „Bernd Windhausen." Der 1942 geborene Eichsfelder erzielt von 1967 an in fünf Jahren 24 Tore in 85 Bundesliga-Spielen. Nach seiner Lehrzeit beim VfL Duderstadt verschlägt es den Stürmer über Borussia Fulda zur SpVgg Fürth. Bei dem Traditionsverein wird „Schnurri" mit 26 Treffern Torschützenkönig aller Regionalligen. Köln und Dortmund wollen den kopfballstarken Spieler, doch er entscheidet sich 1967 für den 1. FC Kaiserslautern. Nach 16 Toren in zwei Spielzeiten liegen Angebote von Eintracht Frankfurt und sogar aus dem Ausland vor, doch „Schnurri" zieht es zu Werder Bremen, wo ein Trainingsunfall seine Karriere beendet. Bemerkenswert: Als Handball-Torhüter spielt Bernd Windhausen drei Jahre in der Oberliga für den TV Baden.

Sepp Maier trägt den verletzten Bernd Windhausen vom Feld.

Zeit-Sprung 1953 / 2004
Berlingerode. Das Material, das Johannas Pettycoat zum Schwingen bringt - ist soeben in Duderstadt entwickelt worden. Das junge Unternehmen Otto Bock Kunststoff produziert erstmals "Pedilen" zur Herstellung von Pettycoats. Und die Boogie-Woogie-Girls des westdeutschen Wirtschaftswunders sind selig: Da macht "Rock around the Clock" gleich doppelt Spaß! Was die beiden allerdings hier - einen Steinwurf hinter der Zonengrenze - finden, ist schon erstaunlich: Mit leisem Zischen und fast völlig ohne Menschenhand produzieren Automaten den wunderbar weichen Kunststoff "Technogel" - ideal für herrlich angenehmen und trotzdem orthopädisch ausgeklügelten Halt im Schuh. Sebastian nimmt Maß und meint: Damit gewinnen wir den nächsten Rock 'n' Roll-Marathon mit links!"

Boogie-Woogie in der neuen Heimat

Ein neues Jahrzehnt hat begonnen - eine Zeit des Aufbruchs. Aber die Schrecken des Krieges sind noch gegenwärtig. Auf der Flucht vor der Roten Armee haben sich Tausende auf den Weg in den Westen gemacht. Lebten im Jahr 1939 noch 6.615 Einwohner im beschaulichen Duderstadt, so hat sich deren Zahl bis 1950 fast verdoppelt. 11.451 Menschen sind jetzt hier gemeldet. Südlich der Kernstadt entsteht daher noch 1950 ein neues Wohngebiet (unten), in dem viele Vertriebene ihre „Neue Heimat“ finden. Straßennamen wie Breslauer, Danziger und Memelner Weg halten die Erinnerung wach. Kraftvoll sagt die Westdeutsche Frauenfriedensbewegung „Nein“ zur Wiederaufrüstung und „Ja“ zu Verhandlungen und Verständigung. Wichtige Schritte in diese Richtung geht das Land am 7. August 1950 durch seine Aufnahme in den Europarat und 1955 mit dem Beitritt in die Nato. Am 26. Mai 1952 beendet der Deutschlandvertrag das alliierte Besatzungsstatut. Damit erhält die Bundesrepublik ihre Souveränität. Umgehend riegelt die DDR die innerdeutsche Grenze ab - ein erneuter scharfer Einschnitt in das Leben in der durch den „Eisernen Vorhang“ geteilten Region. Abwechslung in den Alltag bringt unter anderem die „Schauburg“. Das Kino war 1949 im ehemaligen Tanzsaal des ursprünglichen Hotels „Zum Kronprinzen“ entstanden und zeigt alle großen Filme der Nachkriegszeit. Getanzt werden Rock 'n' Roll und Boogie Woogie - modisch gehüllt in Petticoats, College-Jacken, ärmellose, bauchfreie Blusen und Jeans-Hot-Pants. Das Wirtschaftswunder weckt Träume vom eigenen Auto wie dem Kabinenroller oder der Isetta und Urlaub im fernen Italien. Im August 1956 wird die siebente Hundertschaft des BGS, der am 15. Februar 1951 gegründet wurde, herzlich in der Stadt begrüßt. Untergebracht sind die Einheiten in vier ehemaligen Fabrikhallen des Polte-Werks auf dem Euzenberg.

Modisch „up to date"

1958: Das „Steinerne Haus" in der Marktstraße 91 zeigt sich jetzt „en vogue". Denn neben zeitgemäßen Modetrends präsentieren hier die Kaufleute Ernst Engelhardt und Berthold Regenhardt in ihrem neu gegründeten Modehaus E+R elegante Herrenober- und Damenoberbekleidung. Bald werden die steinernen Wände zu eng, und so folgt 1964 der Umzug in das neue Haupthaus des Unternehmens in der Marktstraße 29 (rechts oben, links und unten Mitte).

Im Lauf der Jahre expandiert die E+R Bekleidungshaus GmbH. Der Filialgründung in Northeim schließen sich weitere Standorte unter anderem für „junge Mode" an. 2004 bestehen Filialen in Northeim, Herzberg und Bad Sachsa sowie ein Jeansladen in der Marktstraße 13 (unten rechts). E+R offeriert hochwertige Bekleidung für jedermann sowie trendige Outfits renommierter Hersteller für die junge Generation. Das Angebot beinhaltet Marken von Weltruf in einem ausgewogenen Preis-Leistungs-Verhältnis.

Die Kunst beim „Markenmix für jeden Geldbeutel" ist ein Spagat, das Vollsortiment von hochpreisig und exklusiv bis minderpreisig ideal zu kombinieren. Die hohe Akzeptanz der Kunden bestätigt den Erfolg der Geschäftspolitik von Inhaber Wolfgang Engelhardt. Als Sohn von Ernst Engelhardt von „Kindesbeinen" an eingebunden, übernimmt der Diplom -Kaufmann 1992 die alleinige Geschäftsführung. Ein Verkaufsteam aus 40 Mitarbeitern, die zum Teil schon 25 Jahre im Haus tätig sind, berät die Kunden. Hohen Stellenwert nimmt bei E+R die Ausbildung ein. Seit Geschäftsgründung werden jährlich junge Leute zu kompetenten Fachkräften ausgebildet.

Zeit-Zeichen

1901
Marconi gelingt die transatlantische drahtlose Telegraphie.

1905
Einstein berichtet über die Relativitätstheorie.

1911
Amundsen erreicht vor Scott den Südpol.

1912
Untergang der Titanic.

1913
Der Büstenhalter wird patentiert.

1920
Die Jungfrau von Orleans wird heilig gesprochen.

1922
Howard Carter findet das Grab des Tut-Ench-Amun.

1927
Erster Alleinflug über den Atlantik von Charles Lindbergh.

1929
Schwarzer Freitag an der New Yorker Börse.

1936
Konrad Zuse baut den ersten Digitalrechner.

1937
Explosion des Luftschiffs "Hindenburg".

1945
Atombomben über Hiroshima und Nagasaki.

1948
IBM bringt einen Computer mit Lochkartensteuerung auf den Markt.

1953
Volksaufstand in der DDR.

1959
In Kuba übernimmt Fidel Castro das Amt des Ministerpräsidenten.

Städtepartnerschaften als „Schlüssel zur Welt"

Zu den drei Städten Tauberbischofsheim in Baden-Württemberg, Combs la Ville in Frankreich und Kartuzy in Polen pflegt Duderstadt besonders enge Beziehungen.
Der Kontakt mit Tauberbischofsheim geht auf die Bemühungen der Bundesregierung zurück, durch Partnerschaften Städte im damaligen Zonenrandgebiet zu unterstützen. 1961 begann die Freundschaft zwischen den Franken und den Eichsfeldern.
1962 besuchte eine Delegation des Rates und der Verwaltung aus Tauberbischofsheim anläßlich des 660. Schützenfestes die Stadt. Im Gegenzug fuhren Vertreter des Duderstädter Rats im November zum dortigen Martini-Markt. Zunächst gedieh die Partnerschaft vornehmlich durch Verbindungen auf Verwaltungsebene. Später entstanden auch Kontakte zwischen Vereinen und Verbänden.
Die Beziehungen mit Combs la Ville und Kartuzy gehen auf politische Intentionen zurück. Mit den Kontakten wollten die Städte einen Beitrag zur Aussöhnung zwischen ehemaligen Kriegsgegnern leisten.
Die Verbindung mit Combs la Ville entwickelte sich aus dem deutsch-französischen Aussöhnungsprozeß, der auch durch zahlreiche Partnerschaften anderer deutscher und französischer Kommunen

Duderstadts Bürgermeister Willi Thiele (links) und sein französischer Amtskollege Dr. Lucien Peyriguère unterzeichnen am 14. Juli 1968 die Freundschaftsurkunde.

Spätrenaissance-Altar in der ehemaligen Klosterkirche von Kartuzy. Unten rechts: Das Tauberbischofsheimer Schloß.

begleitet wurde. Die Initiative für eine Verbindung mit Duderstadt ging von dem französischen Ort aus. Combs la Ville hat 22.000 Einwohner und liegt im Departement Seine-et-Marne, südlich von Paris. Der Duderstädter Rat beschloß 1965, das Partnerschaftsangebot anzunehmen. Einen Besuch der Franzosen im Frühjahr 1966 erwiderte im Herbst eine Delegation aus Duderstadt. Ein trauriges Ereignis trübte allerdings die Freude: Auf der Rückfahrt starb der Förderer der Partnerschaft, Bürgermeister Joseph Ossenkopp, an Herzversagen.
Wieder war ein Schützenfest Anlaß, eine Partnerschaft zu vertiefen: Am 14. Juni 1968 tauschten Duderstadt und Combs la Ville Freundschaftsurkunden aus. An diesen Tag erinnert ein Mosaikwappen beider Städte in der Rathauslaube. Die fast 40jährige Partnerschaft ist von zahlreichen Begegnungen in den Bereichen Kultur, Schule und Sport geprägt.
Die politischen Entwicklungen in Osteuropa und der Zerfall des Warschauer Paktes boten den Städten diesseits und jenseits des fallenden Eisernen Vorhangs die Möglichkeit, neue Wege zueinander zu beschreiten.
Erste Kontakte mit der polnischen Stadt Kartuzy in der Kaschubei nahm Duderstadt 1993 auf. Zwei Jahre später (Mai 1995) folgte die Unterzeichnung des Partnerschaftsvertrages. Die Kreisstadt Kartuzy, 25 Kilometer südlich von Danzig, hat 18.000 Einwohner. Das Miteinander von Duderstadt und seinen polnischen Freunden: beispielhaft. Deutsch-Polnische Freundeskreise in beiden Städten vermitteln eine Vielzahl von Begegnungen der Menschen; kaum ein Bereich des öffentlichen Lebens bleibt davon ausgespart.

Grünes Paradies: Besonderheiten zwischen Kreativität und Pflege

1967 gründet Thomas Bressler in Duderstadt den „Bressler-Gartenbau“ und legt damit die Wurzeln für ein Unternehmen, das fast 40 Jahre später unter dem Namen „Bressler & von Westernhagen“ firmiert. 30 Jahre nach der Gründung, im Jahr 1992, „pflanzen“ Monika und Jürgen Bressler die Gartenbaufirma aus der Duderstädter Erde ins benachbarte Thüringen um. Der Stammsitz ist jetzt in Teistungen ansässig.
2001 tritt der Gartenbautechniker und Betriebswirt Detlef von Westernhagen als Partner in die Firma ein. Das aus dieser Partnerschaft entstandene Unternehmen spezialisiert sich seitdem zunehmend auf anspruchsvolle und kreative Gartengestaltung im Privatbereich.
Unter dem Dach der Firma „Bressler & von Westernhagen Gartenbau und Pflanzencenter“ befinden sich im Jahr 2004 drei verschiedene Zweige: der Garten- und Landschaftsbau, das Pflanzencenter und der Pflegebereich Gartenblitz.

Der Garten- und Landschaftsbau konzentriert sich mit wachsendem Erfolg auf die kreative Planung sowie professionelle Gestaltung von Gärten und Außenanlagen.
Das Pflanzencenter hat sich mit seinem außergewöhnlichen Angebot an Pflanzen, Gehölzen und Garteninterieur weit über die Region hinaus einen Namen gemacht. Jüngster Sproß des Unternehmens schließlich ist der im Jahr 2000 ins Leben gerufenen „Gartenblitz“ - ein stark expandierender Bereich, der ausschließlich die fachgerechte Pflege von Gärten und Außenanlagen zu einem günstigen Tarif anbietet.
Auf der Schnittstelle zwischen „West“ und „Ost“ hat das Gartenbau-Unternehmen „Bressler & von Westernhagen“ alle Höhen und Tiefen der wirtschaftlichen Entwicklung in dieser Region hautnah miterlebt und -geprägt und mußte sich immer wieder den veränderten Bedingungen stellen und anpassen. Doch mit frischen Ideen ist es dem Team gelungen, viele Gärten und Anlagen in grüne Paradiese zu verwandeln.

Ob extravagant gedreht, exotisch oder „normal“ - die Möglichkeiten für den Garten scheinen grenzenlos.

Automobile Familie mit der Lizenz der zwei Marken

Freitag, der 13. - für Uwe Albertsmeyer bringt er kein Unglück, legt er doch 1968 an einem solchen Tag seine Meisterprüfung ab. Bereits ein Jahr zuvor gründet er in Worbis eine Auto-Reparaturwerkstatt (rechts). Die automobile Tradition in der Familie reicht sogar noch weiter in die Vergangenheit: Vater Hermann betrieb eine Fahrschule (Mitte), eine Tankstelle und einen Autopflegedienst. Die Worbiser Kompetenz spricht sich herum. Bereits 1969 erhält die kleine Firma mit zwei Mitarbeitern per Vertrag von Sachsenring Zwickau die Lizenz der Reparatur des Pkw Trabant. Das Unternehmen wächst. 1977, zehn Jahre nach der Gründung, entsteht in der Elisabethstraße aus einer alten Scheune eine neue Werkstatt mit jetzt zehn Mitarbeitern. Acht Trabant können hier zeitgleich repariert werden. Jeder Arbeitsplatz ist gut beleuchtet und hat neben einer Hebebühne Anschlüsse für Elektroenergie, Druckluft und Abgasbeseitigung. Im Schnitt werden jährlich etwa 2.500 Trabbis in Schuß gebracht.

Schon vor der Wende schlägt Uwe Albertsmeyers Herz für die Marken Volkswagen und Audi. 1989, sofort nach Öffnung der Grenzen, schreibt er das Werk in Wolfsburg an. Bereits im März des darauffolgenden Jahres erhält Albertsmeyer als einer der ersten Händler in den neuen Bundesländern für beide Marken eine Vertragszusage aus Wolfsburg. 1992 errichtet der Unternehmer für rund drei Millionen Mark das neue Autohaus Albertsmeyer am Worbiser Stadion (unten links). Zehn Jahre später der nächste große Schritt: Mit Blick auf die bevorstehende Markentrennung erfolgt die Neueröffnung eines Autohauses in Leinefelde (unten rechts). Ab 1. Oktober 2003 werden hier die Fahrzeuge der Marke Audi vertrieben. Die Leitung übernimmt Sohn Michael (rechts im Bild), während sich Uwe Albertsmeyer (Mitte) und sein zweiter Sohn Sascha um die Geschicke des Worbiser Hauses kümmern - mit Erfolg, denn einige Kunden wissen den Service seit den Anfangstagen 1967 zu schätzen.

Am Steuer seines Trabant P 601 mit der Startnummer 131 startet Uwe Albertsmeyer 1978 an der 18. Pneumant-Rallye-International in Berlin im „Lauf um den Pokal der Freundschaft" im Tourenwagensport.

Beim Bau „moderner" Straßen …

… leistet das Team um Günter Seerig (Mitte) …

… ebenso Maßarbeit wie bei „historischen" Pflasterungen.

Straße des Erfolges: Vom Baumaschinist zum Unternehmer

Vom Baumaschinist über Polier und Bauleiter zum Unternehmer: Mit 39 Jahren wagt Günter Seerig den Sprung in die Selbständigkeit - und gewinnt: Was 1979 mit sechs Mitarbeitern und dem Verlegen von Telefonkabeln sowie Wasser-, Gas- und Stromleitungen beginnt, entwickelt sich zu einem mittelständischen Straßen- und Tiefbau-Unternehmen, in dem heute 62 Menschen beschäftigt sind. Den Nachwuchs bildet Günter Seerig selbst aus. „Wir haben ständig drei Auszubildende. Und bisher haben wir alle nach Abschluß der Lehre übernommen." Als Vertragspartner diverser Städte und Kommunen sowie von Versorgungsunternehmen hält die in einem Radius von rund 50 Kilometer tätige Firma einen großen Fahrzeug- und Maschinenpark vor, der in eigener Werkstatt instandgehalten wird. Weiterhin hat sich der Betrieb qualifiziert als Fachbetrieb nach Paragraph 19 des Wasserhaushaltsgesetzes (Umweltschutz / Tankstellenbau). Mit Günter Seerigs Enkel hat im Jubiläumsjahr 2004 bereits die dritte Generation mit der Ausbildung zum Straßenbauer begonnen. Eine gute Voraussetzung, in 25 Jahren das nächste Jubiläum zu feiern.

Pflasterungen im Zuge von Altstadtsanierungen …

… sind ebenso eine Spezialität der Firma Seerig wie …

… die Gestaltung von Außenanlagen.

Brücken schlagen - aus der Mitte Europas heraus

Der europäische Gedanke ist in Duderstadt seit Jahren fester Bestandteil kommunalen Handelns und in zahlreichen Institutionen tief verwurzelt. Duderstadt - mehr als 40 Jahre an der ehemaligen Grenze, der Nahtstelle der Machtblöcke - darf das Wunder der Wiedervereinigung erleben und liegt 2004 im Zentrum Deutschlands, also mitten in Europa.

Die Brehmestadt versteht und sieht sich von daher als Ort des Brückenschlags, früher von Ost nach West, heute von West- nach Osteuropa.

Bereits 1982, im Rahmen der Gründung des ersten Europa- und Deutschlandpolitischen Bildungsinstituts des Landes Niedersachsen in Duderstadt, wird in der damaligen Satzung „die Einigung Europas auf föderativer Grundlage zu unterstützen sowie den Aussöhnungs-Prozeß mit Mittel-, Ost- und Südosteuropa zu begleiten“ als herausragende Aufgabe angesehen.

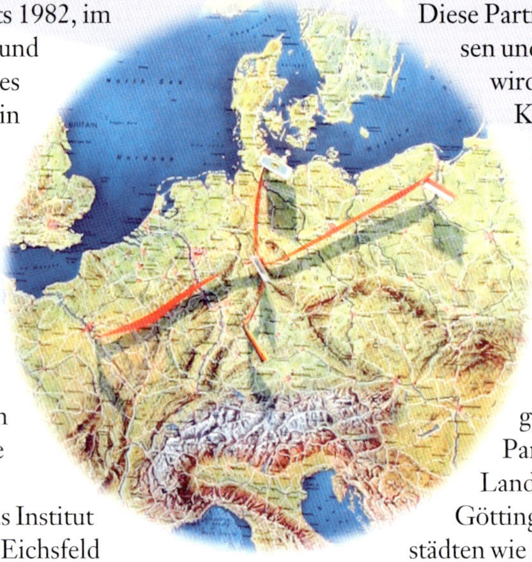

Europäische Bildungsarbeit ist in den vergangenen Jahrzehnten ein besonderes Arbeitsgebiet. Maßgeblich sind daran die in Duderstadt gegründeten Einrichtungen wie das Europa- und Deutschlandpolitische Bildungsinstitut Duderstadt e. V. (EDB), das Institut Brückenschlag e. V., die Europa-Akademie Eichsfeld e. V. und die Deutsche Jugend Europas (DJO) mit Jugendgästehaus und Europadorf beteiligt. Die Stadt offeriert Jugendlichen und Erwachsenen Stätten der Begegnung, des Austausches und des Miteinanders. Diese Möglichkeiten werden rege angenommen. Allein das Jugendgästehaus beherbergt jährlich mehr als 30.000 Besucher aus West- und Osteuropa, organisiert multikulturelle Veranstaltungen und Bildungsseminare und veranstaltet gemeinsam mit der Europa-Akademie internationale Kongresse unter anderem für Jugendgruppenleiter.

Das Institut Brückenschlag beteiligt sich in besonderer Weise am Aussöhnungsprozeß mit Ost- und Südosteuropa. Es bietet vorwiegend Deutschstämmigen Möglichkeiten der Integration, der Aus- und Fortbildung in unterschiedlichsten Themengebieten und organisiert Kinder- und Jugendbegegnungen.

Aber auch kommunales und bürgerschaftliches Handeln nimmt seit vielen Jahren den europäischen Gedanken in den Blick. Bereits 1968 entsteht eine Städtepartnerschaft mit Combs-la-Ville bei Paris, um einen Beitrag zur deutsch-französischen Aussöhnung zu leisten. Diese Partnerschaft ist in Freundeskreisen und Schulen tief verankert. 1995 wird die Städtepartnerschaft mit Kartuzy in der polnischen Kaschubei besiegelt. Die Partnerschaft trägt sich über Schulen, Deutsch-Polnische Freundeskreise bis in Privatbereiche hinein.

Darüber hinaus hat die Stadt Duderstadt stets die Partnerschaft zu Tauberbischofsheim gepflegt und flankierend auch Partnerschaften des früheren Landkreises Duderstadt (heute Göttingen) mit englischen Partnerstädten wie Stroud begleitet.

DUD - Relikt mit neuem Leben

Ein „Relikt aus alten Zeiten“ ist inzwischen wieder aufgelebt: Das ehemalige KFZ-Kennzeichen aus dem Landkreis Duderstadt - DUD - findet sich heute als Kurzbezeichnung für die „Serviceeinrichtung Stadtverwaltung“ - das **D**ienstleistungs**U**nternehmen**D**uderstadt - wieder.

Ein besonders erlebbarer Bestandteil der Ende der 90er Jahre begonnenen Neustrukturierung der Stadtverwaltung ist die Einrichtung eines modernen Bürgerbüros. Mit einem umfassenden Serviceangebot und attraktiven Öffnungszeiten bildet es im Stadthaus die erste Anlaufstelle für Bürger und Gäste bei Fragen und Anliegen rund um das Dienstleistungsunternehmen Duderstadt. In gelebter Partnerschaft, mit modernster Technik und kundenorientiert wird hier der Dialog mit den Bürgern gepflegt.

„Unser schönes Zuhause“ für ein Leben in Freiheit und Würde

„Es gibt Augenblicke, in denen eine Rose wichtiger ist als ein Stück Brot.“ Schon Rainer Maria Rilke erkannte, daß man dem Herzen schenken müßte und nicht nur der Hand. Diesem Leitbild folgen auch Diakon Gerhard Blank und seine Mitarbeiter. Häusliche Pflege reicht oft nicht aus, um den Bedürfnissen alleinlebender älterer Menschen oder in Familien lebender Kranken gerecht zu werden. Daher beginnt Blank im Januar 1988 in Eigeninitiative, den Schwachen und Bedürftigen einen Lebensraum zu schaffen, der Geborgenheit, Selbstzufriedenheit und Selbstsicherheit bieten soll. Das Haus St. Georg in Nesselröden entsteht - Raum für ein Leben in Freiheit und Würde für 50 Menschen. An- und Umbauten ermöglichen bis 2004 eine Erweiterung auf 98 Pflegeplätze. Angegliedert sind sechs Wohneinheiten für betreutes Wohnen. Ab 2003 bestehen weitere 15 barrierefreie Wohneinheiten in St. Laurentius in Gieboldehausen. In St. Georg - von den Bewohnern liebevoll „unser schönes Zuhause“ getauft - ist ein Hilfebedürftiger nicht nur Empfangender, sondern aus seiner Persönlichkeit heraus auch Gebender. Wo der Einzelne „steht“, wird er „abgeholt“, seine Biographie hat einen hohen Stellenwert. Ein wichtiger Baustein: das Einbeziehen der Kompetenz der Angehörigen. „Ich bin ich, ich bleibe ich“ - es muß sich niemand verstellen. Jeder wird angenommen, wie er ist. Die 135 Mitarbeiter - Pflegepersonal, Krankengymnasten, Masseure und Ergotherapeuten - bemühen sich, die Ressourcen des Einzelnen aufzuspüren. Die aktivierende Pflege beinhaltet aktives Zuhören und keinen sturen Tagesplan. In Theorie und Praxis erfahren dies auch die Alten- und Krankenpflegeschüler. So werden aus jungen Menschen Fachleute, die für die hohen Anforderungen ihres Berufes bestens gerüstet sind. Ein breites Angebot zur Freizeitgestaltung wie Ausflüge, Spaziergänge und Konzerte bereichern den Alltag der Bewohner. Die öffentliche Kapelle (rechts) lädt zu Meditation und Gebet. Besonderer Wert wird auf ökumenische Gemeinschaft gelegt. Das Konzept gilt auch in Bilshausen im neuen Haus St. Martinus mit 66 Pflegeplätzen und zehn betreuten Wohneinheiten. Die Therapieabteilung in St. Georg steht jedem offen. Ein hauseigener Frisiersalon, medizinische Fußpflege und eine Wäscherei sind vorhanden. Es wird kein Fremddienstleister in Anspruch genommen.

Die Blank Service GmbH offeriert zudem Essen auf Rädern, Partyservice sowie einen Reinigungs- und Hausmeisterservice. Der ambulante Pflegedienst humanitas ist Bindeglied zum Haus St. Georg mit der Kurzzeit- und Verhinderungspflege.

Mit ihrem gemeinsam von Leitung, Bewohnern, Koch und Küchenpersonal entwickelten Beitrag „Kulinarischer und kultureller Streifzug durch Deutschland“ gewinnt die Küche des Haus St. Georg den internationalen Wettbewerb „Küche-aktiv“ 2003. Gerhard Blank (rechts) nimmt die Auszeichnung im Rahmen der Altenpflege + Health Care Messe in Nürnberg entgegen.

In einem sollte Erich Honecker (Foto unten) recht behalten: Weder Ochs noch Esel hielten den Sozialismus auf. Eine Mehrheit des „geliebten“ Volkes selbst war's, dessen Freiheitsdrang und Mut. Am Ende konnte das „Wunder“ gefeiert werden: Die friedlichen Revolutionäre hatten „das Zeitfenster der Geschichte“ geöffnet: Herein strömte Freiheit.

Trabis nehmen „Politiker-Parade“ ab (von links): Oberkreisdirektor Dr. Alexander Engelhardt, Landrat Willi Döring und Duderstadts „Doppelspitze“: Bürgermeister Lothar Koch und Stadtdirektor Wolfgang Nolte.

Der süße Duft der Freiheit

Es gibt Momente, von denen es rückblickend heißt: Die Welt hielt den Atem an. 18.53 Uhr am 9. November 1989 war so ein Moment: DDR-Regierungssprecher Günter Schabowski verkündet die Grenzöffnung.
Kurz darauf gibt es kein Halten mehr. Hunderttausende DDR-Bürger verschaffen sich Luft. Ein friedlicher Sturm entfacht. Noch in der Nacht überqueren auch Tausende Obereichsfelder die Grenze. Die einen still, unter Tränen, andere jubelnd. Und sie werden freudestrahlend willkommen geheißen. Ein Traum? So mancher läßt seinen nächtlichen Besuch in Duderstadt auf einem Bierdeckel quittieren. Kein Traum!
Am nächsten Tag wird der Verkehr sich bis Worbis stauen. Die Abgase der Trabis erfüllen die Luft. Doch kaum einer klagt: Es duftet nach Freiheit ...

1. Jahrgang

hallo EICHSFELD

Ausgabe Nr. 1 — Die neue Wochenzeitung für Duderstadt bis Heiligenstadt — 25. November 1989

WEST

OST

Macht - nicht mehr aus den Mündungen

Als die „Briefkästen“ zur Zeitung kamen...

In Teistungen bewachten sie noch die Scherben ihrer ruhmreichen DDR, während das Volk mit Rädern und Füßen abstimmte: Go West. Inspiriert vom völlig unerwarteten Geschenk der heraufdämmernden deutschen Einheit, handelte ein Journalisten-Team im Westen: hallo EICHSFELD hieß das Konzept der vermutlich ersten deutsch-deutschen Sonntagszeitung, die bereits am 25. November 1989 auf beiden Seiten des „Zauns“ erschien. Die Sache hatte jedoch einen Haken. Nie hätten die damals noch real existierenden Betonköpfe den Vertrieb in Thüringen gestattet. Die Lösung: Das Blatt wurde direkt an der Grenze in Gerblingerode an die Menschen in den vorbeirollenden Autos verteilt; die „Briefkästen“ kamen zur Zeitung. hallo EICHSFELD fand so Verbreitung - bis tief nach Thüringen hinein.

hallo SONNTAG IM EICHSFELD

Die aktuelle Zeitung für das gesamte Eichsfeld

DUDERSTADT · HEILIGENSTADT · LEINEFELDE-WORBIS

Auflage 64.107 Exemplare

China-Thai Restaurant
Asia Garden
亚洲酒楼

7 Jahre in Duderstadt

Hotline
0180-5002319

Ihre Gewinnzahlen

Foto-Inszenierungen für Eichsfeld-Chronik ZEIT REISE:

Rock 'n Roll bei Technogel

„Schützenfest" in Bremen

Zwei Minister

hallo SPORT

Richtung 1.Liga

Gewitter-Stop

Nia Künzer kommt heute

Das Wasserbett

Eichsfeld-Wetter

...begann die Erfolgsstory namens „haSIE"

Was mit einem frischen Titel für die Nachbarn 1989 anfing, ist heute im Unter- wie Obereichsfeld sonntags nicht mehr vom Frühstückstisch wegzudenken. Einige Monate nach Gründung fusionierte das junge Blatt mit dem bereits im Untereichsfeld verbreiteten SONNTAG im EICHSFELD; dessen Titel seitdem das „hallo" ergänzt (Kurzform haSIE). Mit einer Auflage von mehr als 64.000 Exemplaren erscheint dasBlatt haushaltsabdeckend im gesamten Eichsfeld, noch heute engagiert betreut von Redakteuren, die damals an der Grenze mit dabei waren. Natürlich muß sich kein Leser mehr ins Auto setzen, um „sein haSIE" zu ergattern: Die Sonntagszeitung kommt pünktlich am siebenten Tag der Woche in die Briefkästen. Und das nicht nur im Sommer, sondern auch bei Schnee und Eis - 52mal im Jahr.

Sonntags wissen, was samstags geschah: Kurze Wege und Top-Technik garantieren Information

Was wird die Headline auf der Titelseite? Welche Specials haben wir im Blatt? Welche Aktuell-Termine sind samstags zu besetzen - im Lokalen und im Sport? Fragen, die Woche für Woche gelöst sein müssen, wenn die bevorstehende Ausgabe von hallo SONNTAG IM EICHSFELD produziert wird. Kein bißchen nachgelassen hat das Engagement der Gründertage, im Gegenteil: Hochmoderne Technik macht es möglich, daß Ereignisse auch kurz vor Andruck am Samstagabend Einzug in die Ausgabe finden - und das auf zahlreichen Seiten im Vierfarb-Offsetdruck. Geblieben ist der Kampf mit der Zeit, denn ein aufwendiger Vertriebsapparat muß „haSIE" am Sonntagmorgen pünktlich zustellen. Bis in den letzten Winkel des Eichsfelds hin wartet schließlich die Leserschaft auf „ihr" Sonntagsblatt, prallvoll mit Aktualität aus der Region, dem informativen Anzeigenteil und mit den zahlreichen hochwertigen vierfarbigen Beilagen der Werbepartner.
hallo SONNTAG IM EICHSFELD ist zudem das einzige Printmedium, das am siebenten Tag der Woche darüber berichtet, was in der Region am Samstag geschah: Was war Höhepunkt beim Duderstädter Handwerkermarkt, wie haben sich unsere Fußballer im Obereichsfeld geschlagen? Eine fix arbeitende Redaktion und kurze Wege zum Druck-Standort (Göttinger Tageblatt) machen das möglich. Außerdem ist hallo SONNTAG IM EICHSFELD per Satellit mit den internationalen Nachrichtenagenturen Reuters sowie SID verbunden und informiert so über das Zeit- und Sportgeschehen national wie international. Luxus? Nein: Für das „haSIE"-Team ein verpflichtend fester Bestandteil des redaktionellen Angebotes. Schließlich wissen Verlag und Redaktion, was sie Lesern und Partnern schuldig sind. Der hohe Anspruch ist für das fest mit dem Eichsfeld verbundene Team selbstverständlich - und zwar Woche für Woche.

Für Leser und Partner immer an der Quelle: Das Verlags- und Redaktions-Team von hallo SONNTAG IM EICHSFELD.

Glanzstück der Ausstellung ist ein Geschenk des BGS: Ein Hubschrauber vom Typ Alouette.
Unten: Außenminister Joschka Fischer sichtlich beeindruckt bei seinem Besuch am 13. August 2002.

Grenzlandmuseum Eichsfeld: Aus der Geschichte lernen ...

„Wie war das damals eigentlich?" Einer Privatinitiative ist zu verdanken, daß diese Frage auch künftigen Generationen beantwortet werden kann.
1995 eröffnet, dokumentieren im Grenzlandmuseum am Ortsrand von Teistungen mehr als 4.000 Exponate die Geschichte der innerdeutschen Grenze und ihre Folgen für Menschen und Natur.

Ironie des Schicksals? Das Gebäude, in dem heute eine Ausstellung zur Geschichte der deutschen Teilung und der Grenzsperranlagen zu besichtigen ist, war erst im Frühsommer 1989 fertiggestellt worden und sollte in den künftigen Jahrzehnten als Zollverwaltungsgebäude dienen.

In den Außenanlagen, die Teil eines fünf Kilometer langen Rundweges sind, können Besucher den Aufbau der Grenzsperranlagen nachvollziehen: Führungsstelle, Beobachtungsbunker, Hundelaufanlage, Lichtsperren, Kolonnenweg mit Spurensicherungsstreifen, Sperrgraben, Metallgitterzaun.

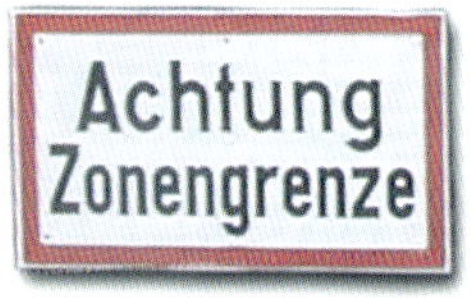

Überdies werden im Grenzlandmuseum (Film)-Vorträge, Lesungen, Zeitzeugengespräche und Sonderausstellungen angeboten.
Eine im Jahr 2000 eröffnete Bildungsstätte bietet überdies Schulklassen und anderen Gelegenheit der Auseinandersetzung mit DDR-Vergangenheit, Demokratie sowie Ökologie und Umwelt - auf daß aus Geschichte gelernt werden möge!

Start in den Markt - ohne „kleines c"...

Noch Jahre nach ihrem Start an der Grenze verteidigten die beiden Pfiffikusse eine Panne. Sehr wohl sei die Schreibweise nach ostdeutschem Sprachempfinden richtig. Heute sagt Leander Müller: „Na ja, damals ist unserem Schildermaler wohl das 'kleine c' abhanden gekommen..." Gemerkt hatte das kein Mensch - und die Reihe der Irritationen begann. US-Touristen beispielsweise fühlten sich an das Wort „snake" (Schlange) erinnert und fragten sich, was die gastliche Stätte bitteschön mit Reptilien zu tun habe. Der „Grenzsnak" hat bis heute überdauert und sich zu einem veritablen Landgasthaus gemausert; siehe auch Seite 59.
Der Snack öffnete also als Snak - 1990 in den Räumen der Grenzkontrollstelle Ferna. Als erstes ließen Müller und sein damaliger Kompagnon Stefan Pikowski den ehemaligen Kontrollturm vollmundig mit der Zeile „MÜPIK Grenz-Snak" beschriften; der kleine Fehler brachte ihnen Publizität bis ins Fernsehen. Mit diesem Marketing-Zufallskonzept starteten die beiden Thüringer in die Marktwirtschaft. Erfolgreich: 600 Schaschlik, 300 Kilo Pommes, 1.000 Bratwürste und Bouletten gingen monatlich über den Tresen - und natürlich auch die DDR-Suppenleckerei „Soljanka". Traurig nicht nur für die Betreiber war das Überleben der deutschen Spezies „Betonkopf": Trotz zahlreicher Eingaben und Proteste ließen die Behörden den witzigen Snak-Turm abreißen (einen Steinwurf weiter in Teistungen hätten sie ihn ins Museum integriert). Doch entmutigen konnten sie Leander Müller damit nicht...

Ein Tor zu Vergangenheit und Zukunft

Zwei zwölf Meter hohe Eichenstämme, verbunden durch eine aus zwei Teilen zusammengeschweißte Edelstahlschwelle: das „West-Östliche Tor". Im Zentrum des 1.400 Kilometer langen einstigen Todesstreifens errichtet, soll das Tor symbolisch den Blick für Vergangenheit wie Zukunft öffnen und dafür sensibilisieren, das „Grüne Band", dieses menschlichem Wahnsinn „zu verdankende" einzigartige Biotop, zu erhalten. Am 9. Juni 2001 wird das in Nähe des „Kolonnenweges" errichtete Denkmal eingeweiht. Prominenteste Gäste am Kutschenberg: Umweltminister Jürgen Trittin, Professorin Dr. Rita Süßmuth und Rußlands ehemaliger Präsident Michail Gorbatschow (Fotos oben), der eine Patenschaft für das „Grüne Band" übernahm.

Zeit-Sprung

1989 / 2004 Pferdeberg. Wer diesem Gitterzaun zu nahe kam, konnte sehr schnell im Gewahrsam der Grenztruppen landen. Wenn nicht Schlimmeres geschah: Panzersperren, Minen und Schießbefehl machten den "antifaschistischen Schutzwall" der "friedliebenden DDR" zur menschenverachtenden Demarkationslinie. Johanna und Sebastian waren noch Kinder, als das deutsche Wunder seinen Lauf nahm. Mit dieser Szene am - für immer - offenen Zaun in der Gegenwart angekommen, bleibt die Erinnerung an einen Satz, den Hunderttausende in Leipzig und anderswo gerufen haben. Eine Verpflichtung für uns alle, heute und morgen:
Wir sind ein Volk.

Technische Innovationen für moderne Haushalte

Im Laufe der Jahre haben sich sowohl das Kommunikations- als auch das Freizeitverhalten der Menschen stark verändert. Sind anfangs Telefone und Fernseher noch Luxus, so stehen diese zum Ende des 20. Jahrhunderts in jedem Haushalt. Neben dem Telefonfestanschluß zu Hause ist unterwegs das Handy im Einsatz, Briefe bekommen Konkurrenz durch die E-mail am heimischen Computer. Moderne Großbild-Fernseher im Zusammenspiel mit DVD- oder Videorekordern und Soundanlagen schaffen Kino-Atmosphäre im Wohnzimmer. Doch auch die täglichen Arbeitsprozesse werden durch umfangreiche Technik erleichtert: Staubsauger machen sich allein auf den Weg, Kühlschränke locken mit TV-Bildschirm, und das Essen ist in Minutenschnelle in der Mikrowelle oder dem modernen Herd zubereitet.

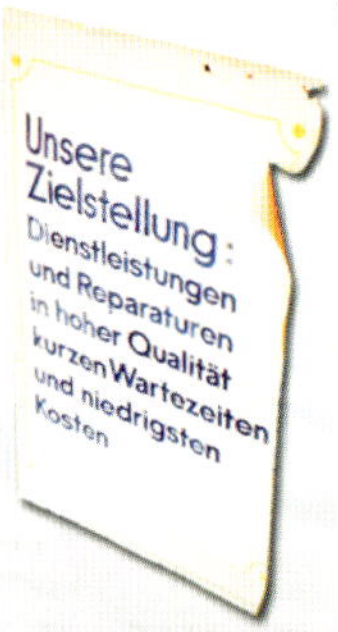

Mit dem Jahr 1990 beginnt auch beim VEB Dienstleistungsbetrieb Worbis eine neue Zeitrechnung. Am 1. März eröffnet das Technikhaus in Worbis (rechts oben). Zum Tag der Wirtschafts- und Währungsunion am 1. Juli wird das Unternehmen in eine GmbH umgewandelt. Unter dem Namen Herfag Elektrotechnik startet mit der Eröffnung des Technikhauses in Leinefelde (links oben) eine rasante Entwicklung. Am 1. Dezember des Jahres lädt die dritte Eichsfelder Filiale in Dingelstädt zum Einkauf. Es folgen zwei Zweigstellen in Mühlhausen sowie eine in Nordhausen und Sondershausen. Doch mit dem steigenden Angebot steigen auch die räumlichen Ansprüche. Nach sieben Jahren wird zunächst das Worbiser Haupthaus umgebaut. Bald reicht die Kapazität in Leinefelde nicht mehr aus. In zentraler Lage lassen Karl-Friedrich Albrecht, Geschäftsführer der expert Herfag GmbH, und seine Ehefrau Irmgard gegenüber dem Bahnhof ein modernes Gebäude (links unten) errichten. Konnten bei der allerersten Eröffnung 1990 die Kunden noch per Handschlag begrüßt werden, so sind am 10. April 2003 selbst die 2.200 Quadratmeter des neuen Marktes dem Ansturm kaum gewachsen (rechts Mitte).

Auch wenn aus dem VEB Dienstleistungsbetrieb mit seinen 192 Dienstleistungsarten ein modernes Unternehmen hervorgegangen ist, so hat die alte VEB-Zielstellung (links) „Dienstleistungen und Reparaturen in hoher Qualität, kurzen Wartezeiten und niedrigsten Kosten“ auch heute noch ihre Gültigkeit behalten. Doch das ist längst nicht alles. Unter dem Motto „Herfag ist innovativ“ bemüht sich das Eichsfelder Unternehmen, seinen Kunden stetig die neuesten Entwicklungen auf dem Technikmarkt zu präsentieren.

Glücksfall und Meilenstein

Die Landesausstellung Natur im Städtebau ist gleichzeitig ein Glücksfall und ein Meilenstein der Stadtgeschichte. Glücklich, weil Niedersachsen für solche Veranstaltungen nur wenig später für längere Zeit die finanzielle Puste ausgeht. Meilenstein, weil die LNS nachhaltig das Stadtbild verändert und die Ökologie in der weiteren Planung fest verankert.
Daß der ganze Stadtpark, wie auch der alljährliche Kultursommer und die Freilichtbühne, der LNS 1994 zu verdanken sind, müssen Kinder, die heute auf den Klettergerüsten des Spielplatzes herumtoben, nicht wissen. Hauptsache, sie haben ihn.
Als Ministerpräsident Gerhard Schröder am 22. April die LNS eröffnet, sind die Langzeit-Effekte erst noch eine vage Hoffnung. Konkret haben dagegen insbesondere die Anlieger allerlei Unannehmlichkeiten beim Umbau der Marktstraße in frischer Erinnerung. Die Fußgängerzone liefert Stoff für Zoff. Ihre Fürsprecher haben allerdings stets ein Argument fest auf ihrer Seite: Gäste der Stadt sind vom neuen, weitgehend autofreien Ambiente begeistert. Die Marktstraße ist attraktive Flaniermeile geworden. Schröder (SPD) bringt als Überraschungsgast Ehrenlandrat Willi Döring (CDU) aus Gieboldehausen mit zum LNS-Start nach Duderstadt, was ihm bei den mehr als 5.000 Menschen, die sich vor dem Rathaus versammelt haben, Sympathie-Punkte garantiert. Im ET-Interview sagt er: „Ich bin davon überzeugt, daß viele Neugierige aus ganz Niedersachsen den Weg nach Duderstadt finden werden“ - und behält recht. Die anfängliche Skepsis weicht schlagartig heller Begeisterung, als die LNS ihre Pforten öffnet. An 170 Ausstellungstagen kommen schließlich 338.854 Menschen aus allen Himmelsrichtungen in den LNS-Park.
Die erste Idee „Landesausstellung in Duderstadt“ hatte Wolfgang Nolte, damals Stadtdirektor, vorsichtig nach Braunschweig und Hannover getragen, als Duderstädter Ortsteile buchstäblich noch „letztes Dorf vor der Grenze“ waren. Die Landesausstellung ist die erste Großveranstaltung nach dem Fall der Mauer, bei der Duderstadt, jahrzehntelang der peripherste aller Mittelpunkte, von seiner geografisch zentralen Lage in Deutschland wieder wirklich etwas hat.

Blau-gelber Jubel: TV Jahn spielt zweite Liga

Groß ist der Jubel in Duderstadt, als dem TV Jahn 1995 das Kunststück gelingt, in die 2. Handball-Bundesliga aufzusteigen. Sechs Jahre spielen die Blau-Gelben in der zweithöchsten deutschen Spielklasse und sorgen für Handball-Begeisterung über die Stadtgrenzen hinaus. Spieler wie der schwedische Spielertrainer Anders Eliasson und der mehr als hundertmalige ungarische Nationalspieler Jakab Sibalin sind nur zwei der Namen, die für den Erfolg des TV Jahn in dieser Zeit stehen.

Tour mit Superstars

Duderstadt erlebt zahlreiche Radsport-Höhepunkte als Etappenort der Internationalen Niedersachsenrundfahrt. Auch Superstars hinterlassen ihre Spuren. So gibt beispielsweise 2002 Laurent Jalabert (kleines Foto), Gewinner des Bergtrikots bei der Tour de France 2001 und 2002, nach dem Rennen fleißig Autogramme.

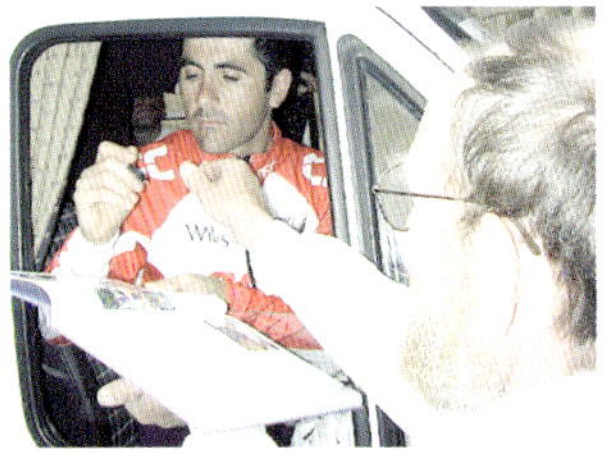

Moto-Cross-Tradition „Am Berge"

Hochklassigen Moto-Cross bietet jährlich der MSC Geisleden mit einem Lauf zur Deutschen Seitenwagen-Meisterschaft. Die Tradition reicht zurück bis Mitte der 70er Jahre. Bis 1989 ging es auf der Naturstrecke „Am Berge" um Punkte für die DDR-Meisterschaft.

Meister

Stahlroß Obernfeld verzeichnet Erfolge im Radball. Das Team André Kopp/ Adrian Hofmann wird 1998 Deutscher Meister. Julian und Raphael Kopp gelingt dies sogar zweimal (2001/ 2002).

2003 wird der in Seeburg lebende Daniel Decavele (rechts) mit Tanzpartner Henry Vize-Welt- und Europameister im Hip-Hop-Dance.

Bundesliga zu Gast im Eichsfeld

Zu einem beliebten Ziel für Fußball-Bundesligisten hat sich die Sportanlage „Am Klosterholz" in Teistungenburg entwickelt. Borussia Mönchengladbach (links), der VfL Wolfsburg, Eintracht Frankfurt und der FC Saarbrücken haben sich hier im Trainingslager auf die Saison vorbereitet.

Familiäre Atmosphäre

Zum Internationalen Bergrennen lädt seit 1994 der MSC Heilbad Heiligenstadt. Höhepunkte sind die Läufe zum Europäischen Bergpokal. Beliebt ist das Ibergrennen bei Fans und Fahrern wegen seiner familiären Atmosphäre im offenen Fahrerlager.

Pendler - Wanderarbeiter des neuen Jahrtausends

Die im Eichsfeld traditionelle Wanderarbeit gelangt seit der Grenzöffnung in variierter Form zu neuer Blüte. Von 6.749 sozialversicherungspflichtigen Beschäftigten in Duderstadt sind 45,6 Prozent Einpendler, weit überwiegend aus den neuen Bundesländern und großenteils aus dem Obereichsfeld. 48,8 Prozent der Duderstädter Arbeitnehmer wiederum fahren ihrerseits zur Arbeit Richtung Westen, insbesondere nach Göttingen. Der Duderstädter Einpendleranteil ist damit sechs Mal so hoch wie im niedersächsischen Durchschnitt und trägt zu einer Entlastung des angespannten Thüringer Arbeitsmarkts bei. Die Zahlen stammen aus einem 2002 in Helmstedt präsentierten Gutachten über Strukturprobleme im ehemaligen Zonenrandgebiet, das die Städte Duderstadt, Helmstedt und Uelzen gemeinsam in Auftrag gegeben hatten. Wissenschaftlich untersucht das Institut für Regionalforschung nicht nur die im ehemaligen Grenzgebiet besonders massiven Ost-West-Pendlerströme, sondern untermauert einen Begriff mit Fakten, den in Hannover manche schon gar nicht mehr hören mögen: die „Förderunwucht“. Warum hilft sich der Zonenrand nicht selbst, jetzt, da er doch keiner mehr ist? - Die Gutachter liefern die Antwort: Die Städte direkt neben höchstgeförderten Nachbarn im Osten und mit Nachholbedarf gegenüber der Infrastruktur im Westen können ihre Strukturprobleme allein nicht lösen. Seit 1994 ohne Zonenrandförderung, mit nur noch minimalen Städtebaufördermitteln und unter einer einknickenden Gewerbesteuer rutscht Duderstadt in tiefrote Zahlen. Die Wissenschaftler empfehlen eine großräumigere regionale Sichtweise, die über die Landesgrenze hinausreicht. Der Boden dafür ist schon ein Stück weit geebnet. Dazu tragen die seit 1990 jährlichen Treffen der Bürgermeister aller fünf Eichsfelder Städte bei und insbesondere ein bemerkenswertes Ereignis am 27. März 2001: Die Landesregierungen von Thüringen und Niedersachsen, angeführt von den Ministerpräsidenten Dr. Bernhard Vogel (CDU) und Sigmar Gabriel (SPD), tagen gemeinsam im Duderstädter Rathaus. Sie sind sich einig, daß der Förderbedarf in den neuen Ländern noch für viele Jahre unverändert hoch sein wird, daß aber die Subvention einer bloßen Arbeitsplatzverschiebung über die Landesgrenze beide Seiten nicht weiterbringt. Nur noch für neue Beschäftigung

sollen Gelder fließen - und auch für den Ausbau der B 247, die Straße der Pendler und „Wanderarbeiter“ der Neuzeit. Gut stehen die Chancen, daß den Landesregierungen die Strukturfragen des ehemaligen Zonenrands im Bewußtsein bleiben. Dieter Althaus, seit dem 24. Mai 2003 Thüringens Ministerpräsident, ist ein Heiligenstädter, der Leiter seiner Staatskanzlei in Erfurt, Gerold Wucherpfennig, kommt aus Seulingen. Und Elisabeth Heister-Neumann, die als Stadtdirektorin von Helmstedt mit Duderstadts Bürgermeister Wolfgang Nolte im März 2002 das Gutachten vorgestellt hat, ist seit März 2003 Niedersachsens Justizministerin.

Jeden Morgen rollt die Pendler-Karawane - hier aus Richtung Gerblingerode - durch die Duderstädter City. Oben rechts: Gipfeltreffen am 27. März 2001 im Duderstädter Rathaus: Lothar Koch, Sigmar Gabriel, Dr. Bernhard Vogel und Wolfgang Nolte (von links).

„Oskar-Verleihung“ im Eichsfeld

„Der BGS-Standort Duderstadt bleibt bestehen“, sagt Bundesinnenminister Otto Schily im Januar 2002, und deshalb haben eine ganze Reihe von Personen jetzt einen Oskar im Haus. Aber der Reihe nach.

Als Schilys Amtsvorgänger Manfred Kanther 1996/97 die Zahl der BGS-Standorte von 21 auf zehn reduzieren will, wackelt der in Duderstadt nicht nur, sondern scheint fast schon verloren. Damit droht für Stadt und Region ein Kaufkraftverlust von rund 15 Millionen Euro pro Jahr und ebenso der Wegzug der BGS-Beamten, von denen sich viele in Vereinen und Verbänden engagieren. Die Bevölkerung bekennt sich geschlossen zu „ihrem“ BGS, der seit 1956 hier zu Hause ist. 15.262 Menschen in und um Duderstadt fordern bei einer Coupon-Aktion des Eichsfelder Tageblatts mit ihrer Unterschrift den Innenminister auf, den BGS in Duderstadt zu belassen. Ein dicker Postsack wird 1997 in Bonn an Kanther übergeben. Gleichzeitig laufen im Hintergrund auf verschiedenen Ebenen und über alle Parteigrenzen hinweg politische Bemühungen, die allesamt gescheitert zu sein scheinen, ehe Rita Süssmuth als Bundestagsabgeordnete im Wahlkreis Göttingen einen wichtigen Etappensieg vermelden kann: die Sternchen-Lösung.

Sie bedeutet nicht den Erhalt des Standorts, aber einen am Ende entscheidenden Zeitgewinn. Der Sternchen-Vermerk sieht vor, den Duderstädter BGS in absehbarer Zeit erneut auf den Prüfstand zu stellen. Nach dem Regierungswechsel obliegt dies dann Otto Schily. Als er am 15. Januar 2002 in Duderstadt den Erhalt des Standorts verkündet und damit das Sternchen ausradiert ist, hat die politische Großwetterlage mit in die Entscheidung hineingespielt. Nach den Anschlägen vom 11. September 2001 sieht sich die Bundesregierung veranlaßt, mehr Geld für die Innere Sicherheit zur Verfügung zu stellen.

Duderstadt behält zwei Hundertschaften mit Aussicht auf eine dritte. Zudem wird ein Teil der BGS-Ausbildung aus Bad Sooden-Allendorf zum Euzenberg verlagert. Die Feier des Happy End nach einem jahrelangen zähen Ringen gestaltet der BGS im Stil einer Oscar-Verleihung, nur daß der BGS-Oskar (links oben) Handarbeit aus der hauseigenen Waffenkammer ist. Er wird für besonderen Einsatz zugunsten der Rettung des Standorts verliehen, allen voran an Rita Süssmuth.

Auszubildende beziehen am Euzenberg Quartier.

Frohe Kunde: Bundesinnenminister Otto Schily kann Anfang 2002 vermelden, daß der BGS-Stützpunkt Duderstadt erhalten bleibt. Rechts: Junge Bundesgrenzschützer bei der Ausbildung.

Bürger-Entrepreneur eines Weltunternehmens

Der deutsche Unternehmer des Jahres 2003 ist ein Duderstädter. Und wie reagiert Hans Georg Näder, Geschäftsführender Gesellschafter der Unternehmensgruppe Otto Bock? Er feiert erst mal mit der gesamten Belegschaft im gerade entstehenden Logistikzentrum und lädt dann 500 Menschen zur Gala ins Tempodrom nach Berlin ein. Aber wenige Tage nach seiner Auszeichnung in der Frankfurter Oper stellt der Top-Entrepreneur 2003 dann auch klar: „So, jetzt ist aber mal Schluß mit dem Zirkus. Ab Montag wird wieder richtig gearbeitet."
So kennt man den gebürtigen Duderstädter, dem sein Vater Dr. Max Näder 1990 die Regie in dem Weltunternehmen übertrug. Spontane Entscheidungen vertragen sich mit der kontinuierlichen Arbeit am seit Jahren zweistelligen Wachstum von Otto Bock, wie die Verantwortung für die Region mit der für eine Unternehmensgruppe mit Vertriebsgesellschaften in 36 Ländern der Erde. Dabei versteht Hans Georg Näder sich ausdrücklich als Bürgerunternehmer und die Unternehmensgruppe Otto Bock als mittelständisch.

Hans Georg Näder: Ein Bürgerunternehmer als Entrepreneur.

Heinz Sielmann 1988 „im Schatten der Grenze". Sein damals ausgesprochener Wunsch mutet heute fast wie eine sich selbst erfüllende Prophezeiung an.

Sielmanns Wunsch erfüllt sich wie von selbst

Von den vielen markanten Sätzen, mit denen Heinz Sielmann bei seinen „Expeditionen ins Tierreich" das Fernsehpublikum fesselt, gelangt einer für die Duderstädter Stadtgeschichte zu wegweisender Bedeutung. Im Abspann des Films „Tiere im Schatten der Grenze", der den Tierfilmer und Naturschützer erstmals nach Duderstadt führt, sagt Heinz Sielmann 1988: „Ich wünsche mir, daß als Denkmal einer hoffentlich bald überwundenen Grenze ein gemeinsamer Nationalpark von Ost und West entsteht."
Als sich nur ein Jahr später die Schlagbäume für immer öffnen, wird die Vision Programm: Der in Folge der gewaltsamen Teilung von Menschen weitgehend unberührte Grenzbereich soll als Grünes Band ein Refugium für selten gewordene Tier- und Pflanzenarten bleiben.
Das im Jahr 2000 in Zusammenarbeit mit dem BUND als Expo-Beitrag auf einer Länge von sechs Kilometern realisierte Grenzstreifenprojekt im Eichsfeld erweist sich als beispielgebendes Modell, ebenso das von der Sielmann-Stiftung auf dem ehemaligen Gut Herbigshagen geschaffene Naturerlebniszentrum.

Passionierter Fußballer, politischer Volltreffer

Einst Fan von Pele und Bobby Moore, avancierte Dieter Althaus nach der Wende zum Shooting-Star auf einem anderen als dem geliebten Fußballfeld: Zunächst Schulrat im Landkreis Heiligenstadt (1990), schießt sich der Pädagoge (Physik, Mathematik) 1992 per „Steilpaß" ins Kultusministerium. Volltreffer! Nur ein Jahr darauf ist der Heiligenstädter stellvertretender Vorsitzender des CDU-Landesverbandes, 2000 wird er die Nummer eins - und 2003 Nachfolger von Ministerpräsident Dr. Bernhard Vogel.

Seither wird Thüringen quasi von einer „Eichsfelder Doppelspitze" regiert. Denn als Chef der Staatskanzlei „verpflichtet" Althaus den Seulinger Gerold Wucherpfennig (kleines Foto), der 2004 zudem das Amt eines Ministers für Bundes- und Europaangelegenheiten bekleidet.

Da wirbelt Staub auf: Dieter Althaus beim Eckstoß. Wenn's die Zeit erlaubt, taucht der Ministerpräsident auch gern (ab), steigt auf Skier, Mountainbike oder Motorrad.

Zukunft Stadt: „Gemeinsam sind wir stärker"

Den Blick in die Zukunft gerichtet, machen 2004 die Stadträte der Städte Leinefelde und Worbis und fast aller dazugehörigen Ortsteile einen weitreichenden Schritt. Frei nach dem Motto „Gemeinsam sind wir stärker" schließen sie sich mit Erlaubnis der Landesregierung zur Einheitsstadt Leinefelde-Worbis zusammen. Rund 22.000 Einwohner zählt die neue Gemeinde inklusive aller Ortsteile. Jede einzelne der insgesamt neun Ortschaften bereichert die Gesamtstadt auf seine besondere Weise.

Beuren mit seiner bewegten Geschichte ist der urkundlichen Ersterwähnung von 1128 nach der älteste aller Ortsteile. Zahlreiche historische Überlieferungen deuten darauf hin, daß Beuren im 13. Jahrhundert sogar selbst eine Stadt war.
Der Johannesbrunnen ist das älteste Wahrzeichen von Birkungen, das nur 63 Jahre jünger ist als Beuren. Der 1749 erbaute Stationsweg gilt als der älteste im gesamten Eichsfeld.
Breitenbach wurde einst bekannt durch seine „Füßlingsmacher" und läßt diese alte Tradition in einem Frauenprojekt wieder aufleben. In den 60er Jahren des 20. Jahrhunderts schrieb der Ort regionale Fußball-Geschichte.
Traditionell wird am ersten Sonntag im Juli in Breitenholz die Gottesmutter mit einer Marienwallfahrt geehrt. Die Wallfahrtskirche wurde 1675 erbaut.
1666 erbauen die Einwohner von Kaltohmfeld eine Kirche und weihen diese Johannes dem Täufer. Die Kirche steht heute unter Denkmalschutz. Jedes Jahr um den 24. Juni, dem Namenstag des Kirchenpatrons, feiern die Kaltohmfelder ihr Johannisfest.
Heinrich Werner, Komponist des „Heideröslein", wurde in Kirchohmfeld geboren. Ein Gedenkstein und das Heinrich-Werner-Haus sowie der nach dem Namen des Künstlers benannte Singkreis erinnern an den bekannten Sohn des Ortes.
Dem Ursprung der Leine verdankt Leinefelde seinen Namen. Entgegen vorheriger Vermutungen entdecken 1734 Göttinger Wissenschaftler bei einer „Expedition" ins Eichsfeld, daß der Fluß nicht aus einer einzigen Quelle, sondern in einem Gebiet mit insgesamt zehn Quellen - eine davon ist die Ringquelle (rechts oben) - innerhalb des Dorfes Leinefelde entspringt. Die Bewohner werden aufgrund ihrer Geschichte des Fell-Handels „Lämmerschwänze" genannt und feiern jährlich das gleichnamige Fest.
In der Kirche des in diesem Jubiläumsjahr 2004 schon 800 Jahre alten Wintzingerode werden die Kinder in einem

Taufengel, der heruntergelassen wird, getauft. Als anerkannter Erholungsort bietet er Gästen gute Voraussetzungen für entspannte Tage.
Worbis - als Krengeljägerstadt bekannt - ist das Tor zum Ohmgebirge. Mit Deutschlands erstem Alternativen Bärenpark (unten) ist die Stadt seit 1996 um eine Attraktion reicher. Bis zum Zusammenschluß der Städte entwickelt sich in Worbis neben dem Krengeljäger (Foto links) Meister Petz zum zweiten Wahrzeichen der Bärenstadt in Thüringen.

Der Umbau der Leinefelder Plattenbausiedlungen hat sich bis nach Asien herumgesprochen. So finden immer wieder koreanische und japanische Abordnungen den Weg ins Eichsfeld, um sich vor Ort über die Möglichkeiten zu informieren. Hieraus entsteht die Städtepartnerschaft mit Kanegasaki in Japan. Zur Vertrags-Unterzeichnung am 28. September 2002 eröffnet Leinefelde einen japanischen Garten - den weltweit einzigen innerhalb einer Plattenbausiedlung. Das exotische Kleinod ist einer der touristischen Glanzlichter in Leinefelde-Worbis.

Ausgezeichnete Entwicklung Vorbild für andere

1959 baut die Regierung der DDR mit dem sogenannten Eichsfeldplan das 2.500-Einwohner-Dorf Leinefelde zu einem industriellen Schwerpunkt in der Region aus. Nach der Wende verliert die Stadt fast 4.000 Einwohner. Daher droht der Wohnungsbestand der Südstadt durch enormen Leerstand sozial und baulich niederzugehen. Die Verantwortlichen erkennen die Problematik früh und nehmen mit Hilfe von Bund und Land den Aufbau einer neuen Industrie- und Gewerbestruktur in Angriff. Nur eine sinnvolle und qualitativ hochwertige Mischung von Rückbau, Modernisierung und Umbau kann den Plattenbaustandort in einen sozial stabilen und lebendigen Stadtteil wandeln. Die modernisierten Wohnungen (oben rechts) finden in der Fachöffentlichkeit hohe Anerkennung, belegt durch die Auszeichnung mit mehreren Bauherrenpreisen, Anerkennungen durch Architekturpreise und vielfältige Veröffentlichungen.

Die Veränderung gilt als beispielgebend für andere Kommunen. Die Belohnung folgt: Leinefelde gewinnt den ersten Preis im Bundeswettbewerb Stadtumbau Ost. Am 12. September 2003 wird der Stadt in Darmstadt der Deutsche Städtebaupreis 2003 verliehen.

Doch nicht nur die Modernisierung der Platte in Leinefelde wird honoriert. Als einer von acht Preisträgern erhält die zu dem Zeitpunkt noch junge Stadt Leinefelde-Worbis am 18. Juni 2004 für die Erhaltung des „Alten kurmainzischen Amtshauses“ (unten), besser bekannt als Altes Rentamt, in Worbis den Thüringischen Denkmalschutzpreis. Mit einer eigens entwickelten Lehmbautechnik wurde das Gebäude saniert und den Erfordernissen für seine weitere Nutzung angepaßt. Die neue Verwaltung der Stadt Leinefelde-Worbis hat hier ihren Sitz.

Bühnen-Zauber: Alljährlich Kultur pur

Was haben Mario Adorf, Götz George, Hardy Krüger, Heiner Lauterbach und Will Quadflieg mit Ellen Schwiers und Gisela und Susanne Uhlen gemeinsam? Sie alle gastierten wie ungezählte weitere Stars teilweise mehrfach in Duderstadt. Möglich machte es die 1950 gegründete Theater- und Kulturvereinigung, deren ehrenamtliche „Macher" Jahr für Jahr zwischen September und April 20 bis 25 kulturelle Glanzlichter organisieren, darunter neben Schaupiel auch Operetten wie „Zum weißen Rößl" (Foto unten) und eine hochkarätige Kammermusikreihe. Ideale Ergänzungen hierzu: Der „Kultursommer" im LNS-Park (Mai bis August), dessen Schlußakkord 2004 gleichzeitig den furiosen Auftakt der offiziellen Jubiläumsfeierlichkeiten bildete: In einer „Classic & Light"-Nacht (Hintergrund) werden die Ohren des Publikums vom Prager Symphonie Orchester verwöhnt, während die Augen staunend zur Musik tanzenden Laserstrahlen folgen.

Heimat für Händel

Die Resonanz zur Premiere ist vielversprechend: 2004 fungiert Duderstadt erstmals als „Neben"-Spielort der Göttinger Händel-Festspiele. „Neben"- Spielort? Ein absolutes Highlight, von dem die Händel-Gesellschaft profitiert, und das als „musikalisches Zugpferd" eine neue Touristen-Klientel in die Fachwerkstadt locken wird.

Ein Hoch auf den Kürbis

Da strahlt nicht nur die „Nixe Rhuma" (unten): Das 2001 von Gartenbaubetrieb Diedrich (Westerode) ins Leben gerufene „Kürbisfest" mit seinem attraktiven Rahmenprogramm hat längst einen festen Platz im Terminplan von Busunternehmen bundesweit.

Etwas kleiner, aber ebenso fein: das Kürbisfest in Rustenfelde, dessen Organisatoren sich alljährlich ein nettes Thema einfallen lassen.

Fantasievolle Gebilde in steinernem Traumwald

Steinträume realisiert der gebürtige Duderstädter Deva Manfredo alias Manfred Flucke in seinem Traumwald bei Siena in der Toskana. Manfredo sammelt Steine und inszeniert diese zu fantasievollen Gebilden wie die Heilige Stadt (unten). Das Besondere an seiner Arbeit: Die Fundstücke werden weder bearbeitet noch verklebt. Devas einzige Hilfsmittel heißen Gleichgewicht und Schwerkraft.

Jecken-Hochburg des Nordens

Wer wird denn nach Rio oder ins Rheinland düsen, wenn der Karneval so nah? Kaum ein Ort im Eichsfeld, in dem es nicht mindestens einen Karnevalsverein gibt - ob mit „C" oder „K". Lachmuskelstrapazierendes (rechts) aus der Bütt, augenfreundliches auf der Bühne (links) und Umzüge, bei denen Witz und Frechheit regieren - ein Helau der fünften Jahreszeit.

Krippentradition

Zehn Kirchengemeinden sind seit 1990 Stationen des „Südeichsfelder Krippenweges". Zu besichtigen sind zwischen Weihnachten und Ende Januar Hunderte Kunstwerke mit Motiven der Geburt Christi. Die größte mit Oberammergauer Schnitzfiguren steht in der Küllstedter Pfarrkirche.

Kunst im Kloster

1993 in Besitz der Gemeinde Bickenrode übergegangen, wird seither mit viel Engagement und Privatinitiativen versucht, dem ehemaligen Kloster Anrode neues Leben einzuhauchen. Eine von vielen guten Ideen: Mehrfach wurden internationale Künstler zu einem Bildhauer-Symposion geladen.

Mehr vom Eichsfeld

Einen kleinen Reiseführer durch das Eichsfeld bietet Grid Baumgärtner: „Das Eichsfeld. Landschaften, Städte, Wallfahrtsorte". Erschienen 1992 im Greifenverlag in Rudolstadt/CH.

Wer das Eichsfeld mit allen Sinnen entdekken will, erhält einen ersten Vorgeschmack durch die Broschüre „Typisch Eichsfeld. Riechen - Sehen - Hören - Schmecken - Fühlen - Entdecken". Hg. v. HVE Eichsfeld Touristik. Leinefelde.

Einblicke in die reiche Geschichte und Alltagskultur Duderstadts vermittelt kurzgefaßt Dr. Hans-Heinrich-Ebeling: „750 Jahre Stadtrechte" Duderstadt. Duderstadt 1997.

Der Bildband „Unser schönes Eichsfeld" stellt auf 216 Seiten die Region vor. 343 Bilder stellen alle Orte des Eichsfelds in Farbe vor (Mecke Verlag, Duderstadt 2000).

Das Eichsfeld ist ein beliebtes Ziel für Wanderer. „Die schönsten Wanderungen im Eichsfeld" stellt Roland Geißler im Auftrag des Heimat- und Verkehrsverbandes vor. 85 Wanderskizzen laden zum Erkunden ein (Mecke-Verlag, Duderstadt 2000).

Rund um „Duderstadt und das Untereichsfeld" dreht sich das „Lexikon einer Region in Südniedersachsen". Auf 367 Seiten bieten Maria Hauff und Dr. Hans-Heinrich Ebeling eine Übersicht zu allen wichtigen Merkmalen der Region Mecke-Verlag, Duderstadt 2000).

Zum Finale: Danke!

Unser Weg durch die Jahrhunderte endet mit herzlichem Dank - an Menschen und Institutionen, die das ZEIT REISE Projekt im Eichsfeld unterstützt haben. Als üppige Fundgrube erwiesen sich Stadtarchiv und Museum in Duderstadt; Dr. Hans-Heinrich Ebeling gewährte uns den Zugang zu seinen (digitalen) „Schatzkammern". Offene Türen fanden wir auch überall bei der Stadtverwaltung Duderstadt, die das Buchprojekt seit der Planungsphase engagiert unterstützt hat.
Ob mittelalterliches Gewand, Rokoko-Robe oder Pettycoat und Stiletto-Schuhe: Als Zeitreisende unserer fotografischen Inszenierungen haben Johanna Reinke und Sebastian Kunstmann trotz Abi-Streß überzeugend-natürliche Rollen abgeliefert, liebevoll und authentisch ausgestattet von Christel Schellhas, Gewandmeisterin am Deutschen Theater Göttingen.
Wer auch immer in der Entstehungszeit mit den Autoren oder der Redaktion in Kontakt kam, reagierte erfreut, half spontan. Verlag und Redaktion freuen sich, wenn unsere „Revanche" gelungen ist - mit diesem Buch.

Fotos (Seite):
Bachmann (68); Bellenger (22); Beuermann (104); Bruchertseifer (68); Claus (90); Draeger (32); Dukic (19, 23, 43, 47, 56, 58, 59, 61, 70, 87, 93, 95, 96, 98, 102, 107, 108, 113, 116, 117); Franke (8, 11, 12, 16, 19, 20, 23, 29, 33, 39, 42, 47, 48, 57, 58, 59, 61, 63, 70, 72, 74, 76, 80, 87, 93, 95, 96, 97, 99, 102, 106, 107, 108, 109, 110, 111, 113, 114, 115, 116, 117); Germershausen (42, 104); Günther (10, 46, 49, 58, 106); Hauff (25); Herz (62); Jacksch (57); Jentzsch (13, 61, 91, 110); Jessen (101); Keppler (6, 10, 14, 71); Lewandowski (57); Matwijow (104, 105, 111, 112, 113); Mecke Archiv (34, 86); Merten (39, 67); NASA (86); Roers (95); Schützengesellschaft Duderstadt (22); Starosta (5, 11, 24, 35, 36, 49, 65, 74, 82, 107); Stephainski (15, 28, 46, 55, 56, 59, 68, 89, 106, 107); Stender (55)

Abbildungen (Seite):
Riesen (9, 30, 34, 38)

ZEIT REISE
durchs Eichsfeld
1075 Jahre Duderstadt

Verlag:
Göttinger Tageblatt
Dransfelder Straße 1
37079 Göttingen

Redaktionsleitung,
Titelgestaltung, Artwork:
Andreas Stephainski

Fotografische Inszenierungen,
Titelfotos:
Hans Starosta

Autoren:
KulturKontor
Dr. Dr. Gudrun Schwibbe
Dr. Dr. Michael Schwibbe

Maria Hauff
Rüdiger Herzog

Redaktion:
Kathrin Dukic
Rüdiger Franke
Hans-Reinhard Jessen
Thomas Teuteberg-Kempf

Produktion:
ASTtext+bild MEDIEN GmbH
Maschmühlenweg 8-10
37073 Göttingen

Projektleitung:
Lars Fischer

Druck:
Göttinger Tageblatt
2004

ISBN 3 - 924781 - 50 - 8

Index